新媒体传播实务

刘雪琳　著

吉林文史出版社

图书在版编目（CIP）数据

新媒体传播实务 / 刘雪琳著. -- 长春 ： 吉林文史出版社，2025. 1. -- ISBN 978-7-5752-0922-9

Ⅰ. G206.2

中国国家版本馆CIP数据核字第2025WW6382号

新媒体传播实务

XINMEITI CHUANBO SHIWU

出 版 人：张　强
著　　者：刘雪琳
责任编辑：柳永哲
封面设计：金天文
出版发行：吉林文史出版社
电　　话：0431-81629352
地　　址：长春市福祉大路5788号
邮　　编：130117
网　　址：www.jlws.com.cn
印　　刷：吉林省信诚印刷有限公司
开　　本：710mm×1000mm 1/16
印　　张：12.5
字　　数：210千字
版　　次：2025年2月第1版 2025年2月第1次印刷
书　　号：ISBN 978-7-5752-0922-9
定　　价：68.00元

前言

新媒体的飞速发展不仅改变了社会的传播格局，也深刻影响了人们的日常生活和工作方式。随着技术的不断进步，媒体环境日益复杂化，受众对信息的获取、分享和参与方式有了更多元的选择，呈现出更具互动性和即时性的特征。在这一背景下，掌握新媒体传播的原理与实践技能，成为当代社会中不可或缺的能力。这种能力不仅体现在对技术的熟练运用上，更体现在如何运用媒体工具进行高效沟通，如何有效策划、创造内容并使之广泛传播。

在当下，信息的传播与接收已经不再受时间、空间的限制，新媒体提供了无数的机会与可能。无论是个人表达、商业推广还是社会议题的传播，新媒体平台都成为首选渠道。传统的传播方式虽然仍然存在，但它们与新媒体的结合和渗透越来越紧密，形成了一个多维度的信息生态系统。为了适应这种变化，学习者不仅需要掌握基础的传播理论，更需要通过实践深入理解新媒体的操作逻辑及其背后的数据驱动。

了解受众是新媒体传播的核心。在这个充满海量信息的时代，如何吸引受众、保持他们的注意力，并激发他们的参与感，是每个从事新媒体传播的人都必须面对的问题。现代用户不再仅仅是信息的被动接收者，他们同时也扮演着创作者和传播者的角色。因此，理解用户的需求、行为特征和偏好，进行针对性的传播策划，是达成传播目标的关键。只有以受众为中心，才能真正实现信息的有效传达与互动。

在新媒体环境中，内容创作是传播的核心驱动力。无论是文字、图片、音频还是视频，它们共同构成了信息传播的多样化形式。随着媒介技术的演进，内容创作的门槛逐步降低，但高质量的内容创作依然需要创作者具备一定的策略与技巧。如何在海量信息中脱颖而出，如何精准地传递信息，这些都依赖于对内容创作原则的理解和实际运用。数据分析在内容传播中的重要性也不容忽视，通过数据反馈可以更好地调整和优化传播策略，从而提升传播效果。

社交媒体平台的崛起为传播提供了新的渠道，这些平台不仅打破了传统媒体的传播界限，还极大地丰富了用户的参与形式。用户通过评论、点赞、转发等方式直接参与到信息传播的过程中，社交媒体的传播模式变得更加互动和去中心化。如何运营这些平台，如何与用户进行有效互动，如何通过精心策划的内容活动提升平台的活跃度和用户黏性，成为新媒体传播中的重要议题。

数字营销的快速发展同样表明，品牌和商业传播越来越依赖于新媒体环境。无论是通过精准的广告投放，还是通过与受众建立情感联结，营销传播的成功与否，很大程度上取决于对新媒体特性的理解。通过对经典营销案例的分析，可以看到内容的创意与传播渠道的选择，是决定营销活动成败的重要因素。伴随数据分析技术的发展，广告效果的评估也变得更加精确和数据化，从而为广告投放和传播策略的优化提供了依据。

随着技术的日新月异，新媒体传播不仅面临机遇，也伴随着诸多挑战。传播过程中涉及的法律与伦理问题，如数字版权保护、隐私安全、网络暴力等，成为各界关注的焦点。在数字化与网络化的背景下，如何维护信息的真实性、保护用户隐私，成为新媒体传播必须面对的问题。同时，不同国家和地区的法律法规存在差异，如何在全球化的背景下遵守相关法律规范，也是新媒体传播者需要掌握的基本技能。

通过对成功与失败案例的分析，学生可以更好地理解新媒体传播的实务操作。在实际操作中，能够预见并规避常见的误区，积累宝贵的经验。这种实践能力不仅仅是理论的应用，还包括了对传播过程的全方位管理，从内容的创作到传播渠道的选择，再到效果的评估与优化，每个环节都充满了技巧和策略。这些实际操作技巧不仅有助于提升传播效果，还能帮助传播者在复杂的媒体环境中保持竞争力。

新媒体传播的实践不仅要求传播者掌握技术工具的使用，还需要具备对信息传播全局的把控能力。通过系统化的学习，学生能够从传播理论出发，结合实际操作，逐步掌握新媒体传播的各个环节，为未来的职业生涯打下坚实的基础。

目录

第一章
新媒体基础知识

【学习目标】

本章的核心在于帮助学生理解新媒体的概念和特点，并通过分析新媒体与传统媒体的区别，深入认知两者在传播模式、受众参与和内容形式上的差异。学生将在学习过程中，掌握新媒体从诞生到发展的历程，了解其技术如何影响传播格局。通过对新媒体传播模式的详细探讨，学生能够识别这些模式在不同场景中的应用及其背后的传播原理，增强对信息传播过程中动态变化的理解。此外，本章旨在培养学生在复杂的新媒体环境中的分析能力，使其能够根据实际传播需求，灵活选择并应用合适的策略。全章学习后，学生不仅具备理论基础，还能为未来的实践提供知识储备，帮助他们在新媒体传播领域打下牢固的技能基础。

一、新媒体的概念与特点

现代社会的信息传播离不开新媒体这一重要媒介。本节通过阐述新媒体的定义，帮助学生清晰理解其本质特征，揭示其与传统媒体在传播方式和信息交互上的显著差异。新媒体在内容生成、受众互动及传播速度上展现出的优势，使其成为当代传播的核心渠道之一。通过深入比较新媒体与传统媒体，学生可以全面认识到新媒体在信息生产与分发上的独特性，为接下来的学习内容打好坚实基础。

（一）新媒体的定义

新媒体是一个随着信息技术发展和互联网普及而出现的现代信息传播形式，它区别于传统媒体的核心在于其数字化和网络化的基础。新媒体依赖于数字技术和网络技术，通过互联网、移动设备和多媒体平台进行信息的生产、传播和消费。这一媒介形式打破了传统信息传播中信息源固定、传播路径单一的限制，形成了一种高度灵活、广泛连接的传播环境。

从定义上来说，新媒体的本质在于其数字化的媒介形式。这一形式使得信息能够以数字化的编码方式在全球范围内高速传输。传统媒体依赖于物理载体，如纸张、胶片或无线电波，而新媒体则通过数字信号进行传播，信息可以以文字、图片、音频、视频等多种数字化形式呈现。这种信息的数字化，不仅极大提升了信息的传播效率，还赋予了信息内容更多的表现形式和存储方式。通过互联网，信息的传递不再受时间和空间的限制，传播范围更加广泛，速度更为迅捷。

新媒体的出现根植于互联网技术的崛起。互联网的广泛应用为新媒体提供了强大的技术支持，使得信息的获取、传播和反馈更加便捷。新媒体的定义不能脱离其技术基础来看待，因为没有互联网，信息的全球化、即时化传播无法实现。因此，新媒体的定义需要与互联网及其技术的紧密关系结合起来理解，它不仅是传播信息的工具，更是现代社会信息网络化的重要产物。

与传统媒体不同，新媒体是高度依赖平台和网络的。这些平台可以是社交网络、新闻网站、博客、短视频平台等，它们通过互联网连接全球用户。每个用户既可以是内容的消费者，也可以是内容的生产者，这种双向互动的传播路径让信息流动不再局限于传统的单向传播模式。新媒体的定义之所以重要，是因为它不仅代表了一种媒介形式的改变，还体现了一种全新的信息生态系统，在这个系统中，信息的生成、流通和消费都处于不断变化之中。

在信息的存储与处理方式上，新媒体与传统媒体也存在本质的不同。由于数字技术的应用，新媒体的内容可以被无限次复制、存储和共享，并且在全球范围内广泛传播。数字化的存储方式意味着信息可以永久保存，随时随地被重新访问，这与传统媒体中信息在发布后易被遗忘或丢失的情况形成鲜明对比。这种灵活的存储与再生能力，是新媒体定义中的一个重要方面，它赋予了信息在传播中的持续生命力。

新媒体的去中心化特质是其定义中的另一个核心。与传统媒体中少数精英机构掌控信息发布和传播的局面不同，新媒体通过开放的互联网平台，使得每一个用户都有机会成为信息的发布者和传播者。这种信息传播权力的分散和去中心化，是新媒体相较于传统媒体的一项重大变革。去中心化不仅丰富了信息的来源，还促使了社会信息流通的更加多元化和开放性。

新媒体的定义也与用户参与度密切相关。传统媒体中，用户的角色相对被动，主要是信息的接收者。而在新媒体环境下，用户不仅可以接收信息，还可以通过各种平台发表自己的看法、创作内容，甚至推动信息的再次传播。这种参与式的信息传播过程让新媒体呈现出更具互动性的特质，但在“新媒体的定义”这一部分中，重点是明确其参与性带来的信息流动方式改变。

新媒体不仅仅是传播的工具，更是现代社会沟通结构的代表。在新媒体环境中，沟通不仅限于个人与媒体的关系，还包含了个人与个人之间、群体与群体之间的多层次互动。通过各种数字平台，信息可以以更加开放的方式流动，不再受限于固定的传播渠道或机构的控制。这样的沟通方式不仅提高了信息的自由度，也增强了社会成员的参与感。

综合以上内容，新媒体的定义可以概括为：它是一种基于数字技术和互联网的现代化信息传播形式，具有灵活的传播路径、开放的平台结构和高效的数字化存储方式。新媒体的出现不仅标志着信息传播工具的革新，也反映了信息社会中沟通方式和信息流动方式的深刻变革。理解新媒体的定义，能够帮助我们更好地掌握这一现代媒介形式的运作机制，同时为接下来的学习奠定坚实的理论基础。

（二）新媒体的主要特点

新媒体作为一种现代信息传播形式，与传统媒体相比，具有独特的传播方式和特点。它的发展不仅依赖于数字技术的进步，还得益于互联网的广泛应用和普及。通过多样化的内容呈现和灵活的传播路径，新媒体正在深刻影响着信息传播的模式、用户的参与方式以及社会的沟通结构。为了深入理解新媒体的内涵，分析其主要特点是关键的一步。本节将从互动性、去中心化、即时性、用户参与、个性化、数据驱动、多媒体融合和全球化等方面，详细阐述新媒体所展现出的核心特点。

1. 互动性

新媒体的一个核心特点是其强大的互动性。与传统媒体的单向传播模式不同，新媒体提供了双向甚至多向的传播通道，用户不再只是被动的信息接收者，而是可以主动参与信息的传播过程。通过各种社交媒体平台，用户可以在信息发布后立即反馈，通过评论、点赞、分享等方式参与到信息的互动中。这种互动不仅增强了信息的传播效果，还提升了用户的参与感和黏性。互动性使得信息传播更加开放和动态，信息的流动方向不再单一，用户和信息源之间形成了紧密的联系。在新媒体环境中，互动的方式不仅限于文字，用户还可以通过图片、视频、音频等多种媒介形式进行互动，这极大丰富了用户的表达方式。比如在社交媒体平台上，用户可以通过表情包、短视频、语音留言等多样化的形式表达意见或情感，这些互动形式打破了传统媒介中单调的沟通模式，使得传播变得更加生动、有趣。

2.去中心化

新媒体的去中心化特征是其区别于传统媒体的重要方面之一。在传统媒体中，信息的生产和传播权力主要集中在少数大型媒体机构手中，而新媒体的出现打破了这种垄断局面，信息的生产和传播权力向广大用户开放。每个人都可以通过互联网平台发布内容，形成了一个去中心化的信息传播体系。信息不再需要通过单一的传播源发布，用户可以自由选择传播渠道，也可以自行创造和发布内容。这种权力的分散使得信息传播更加多元化，打破了传统媒体的垄断，使得普通用户拥有了更多的表达机会。去中心化的另一个重要影响是信息的传播速度和广度得到了极大的提升。由于信息不再依赖于传统的媒介机构，新媒体平台上的信息可以通过用户的广泛传播，迅速扩散到全球各地，传播的速度和范围超越了传统媒体的局限。同时，去中心化的信息流动方式也增强了信息的透明度和真实性，用户可以通过多方来源交叉验证信息的真伪，避免了信息的单一化和垄断化。

3.即时性

即时性是新媒体的另一大特点。在传统媒体时代，信息的生产、编辑和传播都需要较长的时间周期，例如报纸需要印刷、电视节目需要排播，这些过程往往导致信息的滞后。而新媒体则通过互联网技术，实现了信息的即时发布和传播。信息可以在几秒钟内从一个地方传递到世界各地，极大地提高了信息的时效性。新媒体的即时性特点使得用户可以在事件发生的第一时间获得最新的信息，参与到实时的讨论中。这在新闻报道、紧急事件传播以及社交互动中尤为重要。用户通过新媒体平台，可以即时了解全球范围内的动态，并与其他用户进行即时交流，信息传播的效率和参与度因此大幅提升。

4.用户参与

新媒体的出现极大地改变了用户在信息传播过程中的角色。在传统媒体中，用户大多处于被动的接收状态，而在新媒体环境中，用户不仅是信息的接收者，还是信息的生产者和传播者。这种双重角色使得用户参与度大幅提高，信息的传播路径也因此更加复杂和多元。用户参与不仅体现在信息的传播中，也体现在内容的创造和再生产上。通过社交媒体平台、博客、短视频等新媒体形式，用户可以自主创作内容，并通过平台传播给他人。这种参与式的传播方式，不仅使得信息的内容更加丰富，也使得信息的流动更加自由和开放。用户在这一过程中既是内容的消费者，也是内容的生产者，这种参与机制大幅提升了用户在信息传播中的主动性和创造力。

5. 个性化

新媒体的个性化特点是其技术优势的重要体现之一。在新媒体环境中，用户可以根据自己的兴趣、习惯和需求，选择性地获取信息。不同于传统媒体中信息的单一传播路径，新媒体通过大数据和算法推荐技术，为用户提供个性化的内容推荐服务。个性化体现在信息的传播过程中，用户可以根据自己的兴趣选择关注某些特定类型的内容，而这些内容通过平台的算法推荐机制精准推送给用户。比如，社交媒体平台会根据用户的浏览历史、点赞记录、评论习惯等数据分析用户的偏好，从而为其推荐相关的内容。这种个性化的推荐机制使得用户能够更高效地获取到自己感兴趣的信息，同时也提高了信息传播的针对性和有效性。

6. 数据驱动

新媒体的另一个显著特点是信息传播的数据驱动。通过互联网和数字技术，新媒体平台能够收集、存储和分析大量用户数据，从而为信息传播的优化提供数据支持。数据驱动的传播模式使得信息的发布和传播更加精准和有效，平台可以根据用户的行为数据，优化内容推荐和广告投放策略，提升传播效果。通过对用户数据的分析，新媒体平台能够实时监测用户的行为习惯和偏好，从而为信息的传播提供反馈机制。例如，平台可以通过数据分析判断某条信息的受欢迎程度，进而调整其推广策略，使得信息能够更加广泛地传播。数据驱动的传播模式不仅提升了信息的传播效率，还为平台提供了更多的商业化机会。

7. 多媒体融合

新媒体的重要特点之一是其多媒体融合的能力。在传统媒体中，信息的传播往往依赖于单一的媒介形式，如文字、图片、音频或视频，而新媒体则能够将这些多种媒介形式有机结合，形成更加丰富和多样化的传播效果。通过多媒体融合，新媒体可以将文字、图片、视频、音频等多种信息形式集成在一个平台上，用户可以在同一平台上以多种方式进行内容的创作和传播。例如，一篇新闻报道不仅可以通过文字描述事件，还可以附加图片或视频进一步解释，甚至通过音频播报提供另一种感官体验。这种多媒体的融合极大提升了信息的表现力，也使得信息传播的效果更加生动和直观。

8. 全球化

新媒体的全球化特性是其区别于传统媒体的另一大特点。通过互联网，信息能够在全球范围内实现即时传递，用户可以在世界的任何角落获取到最新的国际信息。传统媒体在传播范围上通常受限于地域和时间，而新媒体则通过互联网连接了全球用户，形成了一个全球化的信息传播网络。全球化的特点使得新媒体能够跨越国界，打破语言、文化和时间的障碍，实现真正意义上的全球信息共享。用户不仅可以获取到全球范围内的新闻和资讯，还能够与世界各地的用户进行实时互动和交流。这种全球化的传播特点，为新媒体带来了更广泛的受众群体，也为信息的传播带来了更多的可能性。

（三）新媒体与传统媒体的对比

随着信息技术的迅猛发展，新媒体逐渐成为主流的信息传播方式，与传统媒体相比，新媒体在传播模式、信息生成、用户参与度和内容多样性等方面展现出显著差异。这一部分将通过对新媒体与传统媒体的深入比较，帮助我们更好地理解两者在传播生态中的角色转变及其对社会沟通的不同影响。

1. 传播模式的差异

在传统媒体的传播过程中，信息通常是由少数权威机构生成并向大众单向传播。例如，报纸、广播和电视等媒介以信息发布者为中心，受众处于信息接收的末端，传播的路径呈现出自上而下的特点。这样的传播模式使得受众只能被动接受媒体所传达的信息，缺少参与和反馈的机会。而新媒体则引入了双向甚至多向的传播模式，通过互联网、社交媒体和多媒体平台，用户不仅是信息的接收者，还是信息的创造者和传播者。这种双向互动的传播模式不仅打破了信息传播的单一性，还大幅提升了信息流动的动态性和开放性。新媒体的传播模式允许信息在不同用户之间快速流通，用户可以通过点赞、评论、分享等方式直接参与信息的传播过程，这种多维度的互动形式使得信息传播不再依赖单一的发布渠道。传统媒体的信息发布有固定的时间节点和发布周期，而新媒体则具备即时传播的优势，信息可以随时发布、随时更新，使得用户能够在第一时间获取最新的动态和内容。这种传播模式的差异，不仅改变了信息的传播途径，还提升了信息的时效性和互动性。

2.信息生成方式的不同

传统媒体的信息生成主要由专业团队完成，信息的生产过程通常包括策划、采编、审核和发布等多个环节。报社、电视台、广播电台等媒体机构掌握着内容的生成权，这种集中化的信息生产模式确保了信息的权威性和可信度，但也使得信息的多样性受到一定的限制。由于传统媒体的信息生产受到时间、资源、技术等因素的限制，信息内容的更新速度较慢，信息的选择权也多由媒体机构掌控，受众的主动性和选择空间相对较小。相对而言，新媒体的信息生成模式更加去中心化、开放化。任何用户都可以成为信息的创造者，不再依赖于专业媒体机构的参与。通过社交媒体、博客、短视频平台等，新媒体提供了大量的用户生成内容（UGC），这种信息生成方式使得信息内容更加多元化和个性化。普通用户可以根据自身的兴趣和需求，创造和分享信息，形成了一种信息生成的草根化趋势。这种开放的信息生成模式极大地丰富了信息的种类和来源，也提升了信息传播的速度和广泛性。

3.用户参与度的区别

在传统媒体中，受众往往处于信息传播链的末端，他们只能被动接收新闻报道、影视节目或广告等内容，缺乏参与和表达的渠道。即便传统媒体偶尔提供互动形式，如读者来信或电话参与，受众的参与依然是有限的，且无法对信息的传播路径和内容产生直接影响。因此，传统媒体的传播模式更多依赖于信息发布者的主导，受众的角色相对被动。相比之下，新媒体通过网络平台为用户提供了广泛的参与机会，用户可以通过各种方式直接参与到信息的创造、传播和再生产中。社交媒体平台上，用户可以随时发布自己的内容、参与讨论、分享观点，还可以对他人的内容进行点评、点赞和转发。这种广泛的用户参与使得信息传播过程更加动态，用户的参与不仅能够增强信息的传播效果，还能丰富信息的多样性和创造性。

4. 内容多样性与表达形式的差异

在传统媒体时代，信息的内容和表达形式相对固定。无论是报纸、广播，还是电视，信息的表达形式主要依赖文字、图片、音频或视频，且信息发布的内容通常经过专业团队的编辑和筛选。这种形式使得传统媒体内容的结构和呈现形式相对单一，信息的选择权掌握在媒体机构手中，内容的多样性受限。而在新媒体环境中，信息的内容和表达形式更加丰富多样。用户可以通过文字、图片、视频、音频等多种形式发布内容，甚至可以将这些不同的媒介形式整合在同一信息中进行呈现。例如，在短视频平台上，用户可以通过视频、文字说明和音乐相结合的方式表达自己的观点或分享日常生活，这种多元化的内容表达形式极大提升了信息的表现力。此外，新媒体中的信息内容不再仅仅是新闻和广告，用户可以根据自身的兴趣，发布各类内容，如生活分享、知识普及、兴趣爱好等，使得信息的内容极大丰富。

5. 传播范围与时效性的不同

传统媒体的信息传播范围通常受到时间和空间的限制。例如，报纸需要经过印刷和发行才能送达读者手中，电视节目需要经过排播才能播放，广播电台也有固定的节目时段。这些物理和时间上的限制，使得传统媒体的信息传播范围有限，无法实现即时传播，信息的时效性较差。与此相反，新媒体通过互联网平台，实现了信息的全球化传播。任何用户都可以通过网络发布信息，信息可以在几秒钟内传播到全球各地，不受时间和空间的限制。这种传播方式极大地提高了信息的时效性，用户可以在事件发生的第一时间通过新媒体平台获得最新动态。这种即时传播的能力，使得新媒体在重大事件的报道和信息传播中具有极大的优势。

6. 信息反馈机制的不同

传统媒体的反馈机制较为单一，受众与媒体机构之间的沟通往往是通过书信、电话或短信等方式进行，反馈的时效性较差，且反馈的广泛性有限。在这种情况下，信息的反馈只能作为一个单一的参考因素，无法实时影响信息的传播路径或内容生产。新媒体的出现改变了这种反馈机制。通过社交媒体、评论区、在线调查等方式，用户可以实时反馈自己的意见，信息的发布者也可以根据用户的反馈及时调整内容的生产和传播路径。新媒体的互动性和即时反馈机制，使得信息传播变得更加灵活，用户与内容生产者之间的沟通更加紧密，信息的传播路径也因此更加动态化。

7. 信息可信度与审核机制的差异

传统媒体通常有严格的编辑和审核机制，信息发布前需要经过多层次的核实和审查，确保信息的准确性和权威性。因此，传统媒体的信息可信度较高，特别是在新闻报道和公共事件的传播中，传统媒体仍然具有较强的公信力。由于信息的审核流程较为严谨，传统媒体的信息传播虽然速度较慢，但其可靠性和专业性相对较强。然而，新媒体的去中心化和开放性使得信息的审核机制较为松散，任何用户都可以通过新媒体平台发布信息，而这些信息往往未经专业审核。这种现象使得新媒体平台上信息的可信度存在不确定性，虚假信息、谣言和不实报道容易在没有严格监管的情况下广泛传播。因此，虽然新媒体的信息传播速度更快、内容更丰富，但信息的真实性和准确性常常受到质疑。

8. 信息流动的透明度与开放性

传统媒体的信息流动通常由少数媒体机构控制，信息的来源和内容受到较为严格的监管和编辑，因此信息的传播路径较为清晰，流动性较低。这种集中的控制方式虽然保证了信息的权威性，但也减少了信息的透明度和开放性，受众只能接收到特定渠道的内容，信息的多样性受到限制。相较之下，新媒体的信息流动更加透明和开放。由于新媒体平台的去中心化特点，信息不再由少数机构控制，任何用户都可以参与到信息的生产和传播中，信息的流动性极高。受众可以通过多个渠道获取信息，并且可以在多个平台上进行交叉验证。这种开放的信息流动模式不仅增加了信息的透明度，也使得信息的多元性得以体现，用户的选择空间更加广泛。

二、新媒体的发展历程与趋势

新媒体的发展历程伴随着科技的不断演进，影响了社会各个层面的传播结构。通过回顾其发展历史，本节将带领学生探索新媒体从最初的雏形到当今成熟形态的演变轨迹。不同阶段的技术创新如何塑造了新媒体的传播模式，如何影响了信息的流动，本节将予以详述。同时，本节也会探讨当前和未来的技术趋势，揭示新媒体在未来传播中的可能变革，帮助学生为之后的实践学习奠定更深层次的理论基础。

（一）新媒体的发展阶段

新媒体的发展历程可以大致分为四个阶段：萌芽期、成长期、成熟期和智能化发展期。每个阶段都具有鲜明的技术特征和应用形态，反映了新媒体与数字技术相互促进、共同演进的发展规律。

1.萌芽期（20世纪90年代）

20世纪90年代是新媒体的起步阶段。这一时期，以计算机为代表的数字技术开始走向大众，为新媒体的出现奠定了基础。互联网的商业化推广，尤其是万维网（World Wide Web）的出现，标志着新媒体时代的来临。这一阶段的代表性应用是BBS(Bulletin Board System)。BBS作为一种基于计算机的信息服务系统，允许用户通过网络进行信息发布和交流。尽管受限于当时的网络带宽和计算能力，BBS的功能还比较简单，但其开创了双向交互传播的先河，为用户创造内容提供了渠道。这一时期，门户网站也开始出现。美国在线（AOL）、雅虎（Yahoo）等一批早期门户网站涌现，通过聚合新闻、邮箱、搜索等功能，初步形成了网络信息内容的聚合分发平台。总体而言，新媒体在萌芽期还处于探索阶段，对人们的生活影响有限。但这一阶段确立的互联网传播模式和商业逻辑，为之后新媒体的爆发性增长埋下了伏笔。

2.成长期（2000年—2010年）

进入21世纪，新媒体迎来了高速成长期。这一时期，互联网基础设施建设不断完善，上网人数快速增长。以博客、播客、维基等为代表的Web2.0应用蓬勃发展，迎来了“用户生成内容”的繁荣。

博客是这一阶段的标志性应用。新浪博客、网易博客等平台涌现，给予网民前所未有的自由表达空间。个人博客异军突起，一大批草根名博脱颖而出，在舆论场中展现出强大的话语力。“博主”成为一种新兴职业，标志着“自媒体”时代的来临。

播客（Podcast）作为一种基于音频的内容形式，也获得快速发展。人们可以方便地通过互联网订阅、收听各类音频节目，获得多样化的信息服务。

维基（Wiki）则代表了一种新的协作生产模式。以维基百科为典型，用户通过开放、协作的方式共同创建和更新内容，形成了一种新型的知识生产方式。

这一时期也是搜索引擎技术的高速发展期。谷歌（Google）凭借其卓越的检索性能，快速成长为全球最大的搜索引擎。搜索成为网民获取信息的主要途径，也深刻影响了网站的排名和商业模式。

在中国，综合性网络平台开始崛起。新浪、网易、腾讯等一批互联网企业通过门户网站、即时通信、游戏等多元业务，建立了庞大的用户群体，为后续发展奠定了基础。

3.成熟期（2010年—2020年）

2010年前后，以社交网络、智能手机为代表的新技术和应用模式快速兴起，标志着新媒体进入成熟期。这一阶段，移动互联网实现了爆发式增长，由电脑PC端向移动端的用户迁移成为主流趋势。

社交网络是这一时期的核心应用。以Facebook、Twitter为代表的国外社交网络平台，以及新浪微博、微信等中国本土社交应用，构建起庞大的用户关系网络。社交媒体极大地改变了信息传播和社交互动模式，成为网民日常生活的重要组成部分。随着智能手机的普及，移动新媒体得到长足发展。移动新闻客户端、移动视频平台、位置服务等各类移动应用层出不穷，为用户提供随时随地的信息和服务。移动支付、移动购物等新型应用进一步拓展了新媒体的服务边界。这一时期，视频网站也迎来爆发式增长。优酷、爱奇艺等视频平台持续发力，网络视听节目不断丰富，甚至开始与传统电视媒体正面竞争。直播技术的应用，更是催生了秀场直播、游戏直播、电商直播等新业态。

大数据、云计算等新兴技术在这一阶段得到广泛应用。各类新媒体平台积累了海量的用户行为数据，基于大数据分析实现精准推荐、个性化服务。云计算则为新媒体内容的存储、分发、处理提供了高效便捷的基础设施。这一阶段 新 媒体发展的一大特点，就是线上线下融合趋势愈发明显。O2O（Online to Offline）应用模式兴起，出行、外卖、旅游等服务借助新媒体平台实现线上对接线下。新媒体与零售、餐饮、交通等实体经济加速融合，重塑了诸多行业的商业模式和消费体验。

4.智能化发展期（2020年至今）

进入2020年，以人工智能、5G、物联网为代表的新一代信息技术加速应用，新媒体进入智能化发展新阶段。这一阶段，技术驱动内容生产和传播模式加速变革，泛在连接和沉浸式体验成为新媒体发展的显著特征。人工智能技术的深度应用，推动内容生产和分发实现智能化。智能化写作、智能化剪辑等应用不断涌现，AI主播、AI记者等“新物种”初露头角。算法推荐技术的升级，让新媒体平台能够实现更加精准、个性化的内容分发。AI技术还被广泛应用于内容审核、账号分析、舆情监测等领域，极大地提升了新媒体平台的管理和运营效率。

5G通信技术的商用部署，极大地拓展了新媒体内容呈现的想象空间。超高清视频、VR/AR、云游戏等新型内容形式加速普及，为用户带来更加沉浸、交互的体验。5G技术还促进了物联网的应用落地，海量物联网设备接入网络，现实世界与数字空间进一步交融，新媒体触角延伸至各个领域。

区块链技术在新媒体领域也初现应用前景。区块链为内容创作者提供了一种去中心化的版权确权和利益分配机制，有望重塑内容生产的价值分配体系。基于 NFT的数字藏品交易平台兴起，为内容变现提供了新思路。这一阶段，算法推荐技术的应用进一步深化，推荐系统从单纯“千人一面”走向“千人千面”。个性化推荐不仅基于用户的兴趣特征，更能洞察用户的情景语境，实现动态实时的内容匹配。但与此同时，算法推荐引发的“信息茧房”“过度collectivization”等问题也日益凸显，亟须加强算法的透明度和用户的自主可控性。

智能化时代新媒体生态愈发复杂，平台竞争愈演愈烈。字节跳动、快手等新兴平台异军突起，微信、微博、抖音等成熟平台不断拓展外延，短视频、直播电商、社区团购等新场景不断涌现。跨界融合、创新竞合成为各平台的必争之地，生态化发展趋势日益凸显。

新媒体经历了从萌芽到智能化发展的多个阶段，呈现出技术驱动、模式创新、场景拓展、融合发展的总体趋势。展望未来，新媒体仍将随着信息技术的突飞猛进不断演进。准确把握技术趋势，洞察应用场景，对于新媒体从业者和研究者而言至关重要。同时更要看到，技术发展从来就不是目的，而只是手段。在技术浪潮中把握人的尺度，在智能化时代坚守人文关怀，是新媒体未来发展必须坚守的价值追求。

（二）新媒体技术的演进

新媒体的形成与发展，依赖于数字技术、网络技术和多媒体技术的不断进步。随着技术的逐步演进，新媒体的传播方式和应用场景也随之发生了深刻的变化。理解新媒体技术的演进过程，有助于我们深入掌握新媒体的传播特性及其背后的技术驱动力。本节将从五个关键知识点出发，详细阐述新媒体技术的演进过程及其对信息传播的影响。

1. 数字化技术的兴起

新媒体的诞生和发展，首先得益于数字化技术的兴起。数字化技术将信息转换为数字信号，使得信息能够以二进制形式存储、处理和传输。这一技术的出现，彻底改变了传统的模拟信息传播模式，将信息的生产、储存和传播推向了数字时代。传统媒体依赖于物理载体，如纸张、胶片和电波，信息的传递受物理介质的限制。而数字化技术则突破了这种局限，信息可以在全球范围内以电子信号的形式迅速传播。数字化技术的普及，使得信息处理的速度和效率大大提高。信息可以被无限次地复制和共享，并且在传输过程中不会有质量的损失。这种高效、无损的传播方式，为新媒体的快速发展奠定了基础。尤其是在计算机技术和电子设备的普及下，数字化技术逐渐渗透到信息传播的各个环节，极大提升了信息的可存储性和便捷性。此外，数字化技术还推动了多媒体内容的整合发展。文字、图像、音频、视频等不同形式的内容可以通过数字化进行无缝整合，为新媒体传播提供了更加丰富和灵活的表现方式。用户可以在同一平台上，通过多种感官体验同时接收信息，这种技术突破了传统媒体单一媒介形式的限制，为信息传播带来了更多可能性。

2. 互联网技术的革命性影响

互联网技术是推动新媒体发展的核心驱动力之一，它彻底改变了信息传播的方式和格局。早期的互联网仅用于学术研究和信息交换，但随着网络技术的逐渐普及，互联网成为全球信息传播的重要渠道。通过互联网，信息的传播不再受时间和空间的限制，用户可以即时访问和分享信息，信息的传播范围变得空前广泛。互联网技术的广泛应用，使得新媒体不再依赖于单一的信息发布渠道。传统媒体中的信息传递需要依赖物理设备和固定的传播路径，而互联网技术的出现，打破了这种局限。用户可以通过全球网络自由发布和获取信息，信息的流动变得更加自由和迅捷。尤其是宽带技术的普及，进一步提升了信息传播的速度，使得高清图像、视频等大容量内容可以在短时间内传播到世界各地。互联网还推动了新媒体平台的崛起，如博客、门户网站、社交媒体等。通过这些平台，用户可以自主发布内容，信息传播的主体从少数媒体机构扩展到每一个普通用户。这种技术革新，使得信息传播不再集中在传统的垄断性媒介机构，互联网平台成为信息流动的全新空间，为新媒体的发展带来了革命性的变化。

3. 移动技术的爆发式增长

随着智能手机和移动设备的普及，移动技术成为新媒体发展的又一重要推动力量。移动技术的突破，使得用户可以随时随地获取和分享信息，不再受限于固定的设备和场所。信息传播从桌面端向移动端的转移，标志着新媒体进入了移动互联网时代，信息的传播场景变得更加灵活多样。移动设备的便携性和即时性，使得信息的传播速度进一步加快，用户可以通过移动网络随时参与信息的发布和互动。这种技术革新不仅提升了信息的传播效率，还改变了用户的消费习惯和信息获取方式。通过移动应用，用户可以定制个性化的内容接收方式，信息的传播更加符合个人需求，提升了用户的参与感和黏性。移动技术的演进还推动了新媒体内容的多样化。短视频、直播、即时通信等形式依托于移动设备的便捷性，迅速成为新媒体传播的重要形式。用户可以通过智能手机进行实时信息发布，社交平台的即时性特征与移动技术的结合，使得新媒体的传播更具互动性和实时性。通过移动技术，新媒体不仅改变了信息的传播方式，也极大地丰富了信息的表现形式。

4. 云计算技术的支持

云计算技术的兴起，为新媒体的内容存储和分发提供了强大的支持。传统的媒体内容存储和处理需要依赖本地服务器和设备，这不仅成本高昂，且难以应对海量数据的存储需求。云计算技术的应用，使得信息可以被存储在云端，用户只需通过互联网即可访问和共享这些内容。通过云计算，新媒体可以高效地管理和分发海量的数字内容，为全球用户提供快速、稳定的信息服务。云计算的出现，使得新媒体平台能够以更低的成本和更高的效率运营。通过云端技术，平台可以根据用户的需求进行弹性扩展，处理大量的实时数据和多媒体内容。无论是社交媒体、视频网站，还是在线新闻平台，云计算技术的应用，使得新媒体平台的承载能力大幅提升，用户体验也因此得到优化。此外，云计算还推动了新媒体与大数据技术的深度融合。新媒体平台通过云端存储和处理大量用户数据，可以更精准地分析用户行为，优化内容推荐和广告投放策略。这种技术上的突破，使得新媒体的传播路径更加智能化和个性化，为信息传播提供了更加精准和高效的服务。

5. 大数据与人工智能的深度融合

大数据和人工智能技术的演进，为新媒体的智能化传播奠定了坚实的基础。新媒体平台通过大数据技术，能够收集、处理和分析海量用户数据，为个性化的信息传播提供了技术支持。通过对用户行为、兴趣爱好、浏览记录等数据的分析，平台能够为用户推荐符合其兴趣的内容，使得信息传播更加精准高效。

人工智能技术的应用，更进一步提升了新媒体的智能化水平。例如，基于AI算法的内容生成技术，可以根据用户需求自动生成新闻、文章或广告文案，这极大提升了内容生产的效率。同时，人工智能还能够实时调整信息传播路径，确保信息能够被精准推送到目标用户。通过自然语言处理、图像识别等技术，人工智能使得新媒体的传播更加智能化和自动化。

大数据与人工智能的结合，还推动了广告的精准投放。新媒体平台通过分析用户的兴趣数据，能够为广告主提供更加细致的用户画像，从而提升广告的投放效果。这种技术进步不仅改变了信息的传播模式，也为新媒体平台提供了新的商业模式。大数据与人工智能的深度融合，极大地推动了新媒体传播的技术进步，为未来的传播方式带来了更多可能性。

（三）新媒体未来的发展趋势

随着信息技术的不断进步和全球化的加速，新媒体的未来发展将呈现出更加多样化和智能化的趋势。这些趋势不仅将影响信息的传播方式，还将深刻改变人们获取、分享和消费信息的方式。

1. 沉浸式体验的增强

随着虚拟现实（VR）、增强现实（AR）和混合现实（MR）技术的成熟，新媒体将向更加沉浸式的用户体验方向发展。这些技术将改变传统的内容消费方式，用户可以通过虚拟环境与信息内容进行更加紧密的互动。例如，用户可以戴上VR头盔，进入虚拟新闻报道现场，直接参与到事件的模拟场景中。这样的沉浸式体验将彻底颠覆现有的二维屏幕信息消费模式，使得信息的呈现更加立体化和动态化。此外，AR技术将在日常生活中更加广泛地应用。例如，通过移动设备或智能眼镜，用户可以实时获取增强的视觉信息，将虚拟元素与现实世界叠加。这将使得广告、娱乐和教育等领域的内容呈现方式更加生动和直观。未来，新媒体不仅限于信息的被动接收，而是通过虚拟和增强现实技术，使得用户能够更加主动地与信息环境进行互动。MR技术也将进一步增强用户的沉浸感，将虚拟和现实世界无缝连接。这种技术结合了虚拟现实和增强现实的特点，使得用户能够在真实环境中同时与虚拟元素进行互动。例如，用户在观看赛事或参与会议时，可以通过 MR技术实时查看虚拟统计数据、互动内容或相关背景信息。这种新型的信息呈现方式将大幅提升用户的参与感和信息获取的效率。

2.人工智能在内容生成中的应用

未来，新媒体领域将更加依赖人工智能技术，尤其是在内容生成方面。人工智能不仅可以帮助自动化地创建新闻、视频、广告等内容，还能通过自然语言处理、图像识别等技术，更好地满足用户的个性化需求。基于大数据分析，人工智能能够预测用户的兴趣和偏好，并为其量身定制相关内容。这种技术的应用，不仅可以提高内容生成的效率，还能大幅提升信息传播的精准性。人工智能驱动下的内容生成，将使得自动化新闻报道、个性化广告等成为新媒体的常态。例如，新闻机器人可以根据全球新闻事件实时生成报道，并根据用户的位置、偏好等因素，自动调整新闻内容。这种实时、高效的新闻生成模式将彻底改变传统媒体的新闻发布流程。此外，人工智能技术在图像和视频生成方面的进步也将极大改变新媒体的内容生产方式。例如，AI可以自动创建高质量的图像或视频内容，减少内容生产的时间成本。通过AI图像合成和深度学习技术，未来的用户可以轻松地生成虚拟形象或三维模型，并将其用于广告、娱乐和社交互动中，进一步推动虚拟世界与现实世界的融合。

3.区块链技术的引入

随着新媒体技术的发展，区块链技术在新媒体中的应用前景也日益广阔。区块链技术的核心特征是去中心化、透明性和不可篡改性，这些特征在新媒体领域的内容版权保护、广告投放和用户数据管理等方面具有重要的应用潜力。例如，区块链技术可以帮助确保内容创作者的版权利益，防止作品被非法复制和传播。这将使得创作者能够更加有效地保护自己的知识产权，并通过智能合约实现内容的自动化交易和分配。区块链技术的透明性和安全性还可以提高广告投放的透明度，减少广告欺诈行为。例如，广告主可以通过区块链平台实时监控广告的投放情况，确保广告费用被合理使用，同时也能够追踪广告的传播路径和效果。这将大大提高广告投放的效率和可信度，帮助广告主更加精准地触达目标受众。此外，区块链技术还可以用于用户数据的管理和保护。通过去中心化的数据存储机制，用户可以更加自主地掌控自己的数据，确保个人隐私不被滥用。这将极大提高用户对新媒体平台的信任度，减少数据泄露和隐私侵犯的风险。在未来，区块链技术有望成为新媒体平台的基础架构之一，为信息的生成、传播和管理提供更加安全、透明的环境。

4.隐私保护与数据安全的加强

随着新媒体的发展，用户隐私和数据安全问题日益成为关注的焦点。未来，新媒体平台在加强隐私保护和数据安全方面将有更高的要求和标准。由于用户在新媒体平台上生成和分享的大量个人数据，如何在数据利用与隐私保护之间取得平衡，将是未来新媒体技术发展的重要课题。一方面，用户对隐私保护的需求日益增强。未来的新媒体平台需要通过更加完善的数据加密技术和访问控制机制，确保用户数据的安全性。平台应当采用匿名化处理和数据最小化原则，在不影响用户体验的前提下，最大限度地减少对用户数据的采集和使用。另一方面，隐私保护法律法规的不断完善，也将促使新媒体平台采取更严格的合规措施，以避免违反隐私保护相关规定。数据安全不仅涉及用户个人信息的保护，也关系到平台的整体安全性。在未来，针对新媒体平台的网络攻击可能愈发复杂和频繁，因此平台需要加强对网络安全的防护能力。通过引入更加先进的安全防护技术，如人工智能驱动的威胁检测系统，平台可以更加精准地预判和防御潜在的安全风险，确保信息传播环境的安全性和稳定性。

5.跨平台与跨界整合的深入

新媒体在未来更加注重跨平台和跨界整合的发展趋势。随着不同媒体平台之间的界限逐渐模糊，跨平台整合将成为新媒体的重要发展方向。用户将能够在不同平台之间无缝切换，获取一致的内容和体验。例如，用户可以通过同一账号，在手机、平板、智能电视等多种设备上同步访问其订阅的内容，信息传播的连贯性和一致性将极大增强。跨界整合则体现为新媒体与其他行业的深度融合。例如，新媒体将与电子商务、金融、娱乐等行业紧密结合，形成更加多元化的业务模式。通过与电商平台的整合，新媒体将推动“内容即销售”的模式，用户在观看视频或浏览内容时，可以直接购买相关商品。这种“边看边买”的消费模式，不仅提升了用户体验，还为新媒体平台提供了全新的商业变现途径。同时，随着5G、物联网等技术的逐步成熟，跨界整合将进一步拓宽新媒体的应用场景。未来，新媒体将融入更多智能设备和生活场景中，用户可以通过语音助手、智能家居、车载系统等多种渠道获取信息和内容。新媒体的边界将不断扩展，信息传播将更加无缝地融入日常生活中，形成全新的信息生态系统。

三、新媒体传播的基本原理与模式

新媒体传播的复杂性不仅体现在其技术结构上，也反映在其传播原理和模式的多样性中。本节通过解析新媒体传播的基本原理，帮助学生理解信息如何在新媒体环境中生成、传递与接收。各种传播模式，如双向、多向互动等，将成为本节的重点内容，帮助学生洞察不同模式在实际操作中的应用价值。此外，本节还将探讨信息过载等新媒体传播中的挑战，指导学生在应对这些复杂情况时，灵活调整策略，提升实践中的传播效果与效率。

（一）新媒体传播的基本原理

新媒体作为一种现代信息传播形式，依托于数字技术和互联网平台，改变了传统的信息传播路径和模式。其传播原理主要涉及信息的生产、流通和接受过程中的互动与反馈机制。要理解新媒体的传播原理，首先需要分析其独特的技术基础、传播机制及其如何影响信息的生成、传递与用户参与。本节将从五个方面详细讨论新媒体传播的基本原理。

1. 信息的数字化与多媒体融合

新媒体的传播过程始于信息的数字化。这一原理基于将所有形式的内容——文字、图像、音频和视频等——转换为数字信号。这种数字化处理方式不仅提高了信息传播的效率，还使得信息的形式更加多样化。与传统媒体不同，新媒体通过互联网平台，实现了文字、图片、音频和视频的无缝融合。信息内容的多媒体化为用户提供了更加丰富的感官体验，也拓展了信息的表现形式。在这一过程中，用户通过多种渠道接收和体验信息。这种多媒介的综合传播形式极大增强了信息的吸引力，并为用户提供了个性化的选择。比如，在社交媒体平台上，一条新闻不仅仅包含文字报道，还可以配有视频、音频和互动链接，用户可以根据自己的偏好选择不同的方式来接收信息。这种信息的多媒体融合性是新媒体传播原理的重要组成部分，它体现了数字技术与媒介的深度结合。

2. 去中心化的传播模式

传统媒体的传播模式通常是单向的，信息的生产和传播主要集中在少数专业媒体机构手中。而新媒体则打破了这种中心化的控制，形成了去中心化的传播结构。新媒体中的信息不再依赖于单一的发布者或传播渠道，任何个人都可以通过互联网平台生产、发布并分享内容。这种去中心化的特性，赋予了每个用户更多的发言权和参与机会。在新媒体环境中，信息传播的主体多元化，传播的路径也更加复杂。这种多向互动的传播模式大大丰富了信息的来源和传播方式。信息不再从单一的媒体机构传递给大众，而是在不同的用户群体间通过分享、转发等形式不断扩展。去中心化的传播模式使得信息更加自由流动，同时也改变了传统的传播结构，用户不仅是信息的接收者，还是信息的生产者和传播者。

3. 实时互动与用户反馈机制

新媒体传播的另一个核心原理是其高度的互动性。传统媒体的信息传播过程是单向的，受众只能被动地接受信息，缺少与信息源的实时互动。而新媒体通过社交媒体平台、即时通信工具等，赋予了用户即时反馈的能力。用户可以在信息发布后通过评论、点赞、分享等方式，直接参与到信息传播的过程中。这一实时互动的传播模式，增强了信息的动态性和参与性。通过实时反馈，信息的传播路径和内容可以根据用户的参与进行调整和优化。例如，在社交平台上，用户的评论和互动可以直接影响信息的传播范围和影响力。如果某条信息获得大量点赞或分享，它将被更多用户看到，从而形成自下而上的信息流动。这种互动反馈机制是新媒体传播的重要原理，它使得信息传播不再是线性的，而是更加灵活和动态的。

4. 个性化内容推荐

新媒体的传播还基于个性化内容推荐的原理。通过大数据分析和人工智能技术，新媒体平台能够根据用户的浏览历史、兴趣偏好和行为数据，生成个性化的内容推荐。这一原理极大提升了信息传播的精准性和有效性，使得用户能够在海量信息中找到最符合其需求和兴趣的内容。个性化推荐系统不仅提高了用户体验，还改变了信息的传播路径。传统的媒体信息通常以单一形式呈现给所有受众，而新媒体则通过算法为每个用户定制化推荐内容。例如，社交平台的算法可以根据用户的点赞和评论习惯，为其推荐感兴趣的帖子和文章。这种定制化的信息传播模式使得信息的分发更加有效，用户的参与度和满意度也因此大大提高。此外，个性化推荐还增加了信息传播的黏性。用户在接收到符合自身兴趣的信息后，更倾向于在平台上进行进一步的互动和消费。这种基于数据分析的精准推送，使得信息的传播不仅限于传统的单一路径，而是根据用户的需求进行动态调整，形成了一种高度个性化的信息流动模式。

5.信息扩散与病毒式传播

病毒式传播是新媒体传播中一个典型的现象，它依赖于信息的快速扩散和用户的大量转发。这一传播原理源于新媒体平台上的社交属性。通过用户之间的分享和互动，信息可以在短时间内覆盖广泛的受众群体。病毒式传播的特点在于信息在传播过程中的自我扩展性，信息通过每个用户的转发形成多层次、多维度的传播路径，使得信息的影响力迅速放大。这种信息扩散的方式不同于传统媒体的线性传播，它是一种网状结构的信息流动。用户之间的分享行为使得信息可以通过不同的社交网络节点不断传播和放大。这种模式极大提高了信息的传播效率，尤其是在重大新闻事件、社会热点话题或娱乐内容中，病毒式传播的效果尤为显著。例如，一段短视频通过用户的转发，可以在短时间内达到数百万甚至数亿的观看量。这种传播机制依赖于用户之间的社交连接和互动，使得信息能够在短时间内达到广泛传播的效果。病毒式传播不仅提高了信息的传播速度，还增强了信息的影响力和可见性。在这一过程中，用户不仅是信息的传播者，也是信息的推广者。这种自发的传播行为大大减少了信息的传播成本，同时也为新媒体平台提供了更多的商业机会和传播资源。

（二）新媒体传播的模式

新媒体的传播模式是其区别于传统媒体的关键所在。随着互联网技术的发展，信息传播方式发生了根本性的变化。新媒体通过数字化平台、社交媒体、移动终端等渠道，使得信息传播变得更加灵活、多元和互动。为了深入理解新媒体的传播模式，本节将从几个角度探讨新媒体在当代传播中的主要模式，包括社交化传播模式、互动传播模式、精准传播模式、用户生成内容传播模式以及跨平台传播模式。

1.社交化传播模式

新媒体传播的一个重要特征是其社交化传播模式。通过社交媒体平台，如微信、微博、Twitter、Facebook等，用户不仅可以获取信息，还能够通过点赞、评论、分享等方式参与到信息的传播过程中。这种基于社交关系链的信息传播模式，与传统媒体的单向传播模式形成鲜明对比。在社交化传播中，用户的角色不仅仅是信息的接收者，他们也是信息的传播者。通过个人的社交网络，信息可以快速在用户之间扩散，形成广泛的传播效应。比如一篇新闻报道通过用户的分享可以在短时间内被数十万人看到，这种扩散效应依赖于用户之间的互动与社交网络的广度。社交化传播模式不仅提高了信息的传播速度，还增强了用户参与感，使得信息传播更加个性化和社交化。

2. 互动传播模式

互动传播模式是新媒体的另一大特点。传统媒体中的信息传播多是单向的，用户只能被动接受信息，而在新媒体传播中，用户可以实时参与信息的讨论和反馈，形成双向或多向的互动传播模式。这种模式通过网络平台实现，用户不仅可以在评论区发表意见，还可以通过转发、回复、添加标签等方式直接参与到信息的传播链条中。互动传播模式打破了信息传播中的时空限制，用户无论身处何地都能够参与到信息的实时互动中。比如在一场全球直播活动中，用户可以通过社交媒体平台提出问题、发表看法，并与其他观众进行讨论。这样的互动模式不仅增强了用户的参与度，还丰富了信息的传播路径，使得信息不再是由单一媒体机构主导，而是由所有用户共同参与和推动。

3. 精准传播模式

精准传播模式是新媒体传播中的一种新型模式，它基于大数据分析和人工智能技术，通过对用户行为、兴趣偏好等数据的分析，为用户定制个性化的信息推送服务。相比于传统媒体向所有受众发布同一内容的传播方式，新媒体能够根据每个用户的需求和喜好进行精准传播。这种模式极大提高了信息传播的效率，同时也提升了用户体验。在精准传播模式中，平台可以根据用户的浏览记录、搜索习惯和社交互动，为其推荐感兴趣的新闻、文章、视频等内容。比如，电商平台会通过分析用户的购物历史和浏览记录，为其推送相关商品广告，社交媒体平台则会根据用户的点赞和评论习惯，推荐相关内容。这种基于用户数据的传播模式，使得信息的传播更加个性化、精确化，同时也为广告主和信息提供者带来了更多的商业机会。

4. 用户生成内容传播模式

用户生成内容是新媒体传播中的一种重要模式。在传统媒体中，内容的生产和传播多由专业机构主导，普通用户难以直接参与内容的创作。而在新媒体环境下，用户可以通过社交平台、博客、短视频等多种渠道自主创作和发布内容，成为信息的生产者和传播者。这种模式不仅丰富了信息的内容来源，还增加了信息的多样性和个性化。用户生成内容的传播模式打破了信息传播中的权威垄断，使得普通用户能够在信息传播中发挥更加主动的作用。比如，在短视频平台上，任何用户都可以拍摄和上传自己的视频内容，通过平台分享给其他用户观看。这种模式使得信息的传播不再局限于少数专业媒体机构，而是依赖于广大用户的创作和分享，形成了去中心化的传播结构。此外，UGC的兴起还促使新媒体平台更加注重用户的创造力和参与感，平台通过提供创作工具和奖励机制，鼓励用户积极参与内容的生成和传播。这种模式不仅提升了用户的黏性，还为信息传播注入了更多的活力和创新。

5.跨平台传播模式

随着多种新媒体平台的崛起，跨平台传播模式成为一种常见的传播方式。用户不再局限于单一平台获取信息，而是可以通过多个平台同时接收和分享信息。比如，用户可以通过手机、电脑、平板等多种设备访问同一内容，信息的传播不再受限于某一种媒介或设备，而是在不同平台间无缝衔接。跨平台传播模式的兴起，改变了信息传播的场景和方式。用户可以通过不同的终端设备，在不同的平台上获取同样的内容，这种灵活的传播方式提高了信息的可访问性和传播效率。例如，某一新闻报道可以同时在新闻网站、社交媒体、移动应用和视频平台上发布，用户可以根据自己的习惯选择最适合的渠道进行阅读或观看。这种跨平台的传播模式使得信息能够更加广泛地传播，同时也提升了用户的便利性。此外，跨平台传播模式还促进了不同平台之间的协同发展。比如，社交媒体与电商平台的结合，使得用户在浏览内容的同时，还可以直接购买相关产品。跨平台传播不仅拓宽了信息传播的路径，也为新媒体的商业模式带来了更多可能性，推动了信息传播的多元化发展。

（三）新媒体传播的特点与挑战

新媒体的出现深刻改变了信息传播的模式，它依托于互联网和数字技术，展现出许多与传统媒体不同的传播特点。与此同时，新媒体传播在带来便利和效率的同时，也面临着一系列的挑战。理解这些特点和挑战对于全面掌握新媒体传播的优势和不足至关重要。本节将详细探讨新媒体传播的主要特点以及其面临的核心挑战。

1. 新媒体传播的多元化与灵活性

新媒体传播的一个显著特点是其多元化和灵活性。传统媒体中的信息传播多依赖固定的媒介，如报纸、广播、电视等，这些媒介有其特定的时间、空间和内容格式。而新媒体打破了这些局限，用户可以通过多种数字平台和设备接收信息。通过智能手机、平板电脑、社交媒体、视频平台等多种渠道，信息可以随时随地传播，打破了时间和空间的限制。此外，新媒体的传播内容形式也极具多样性。信息可以通过文字、图片、音频、视频、动画等多种媒介进行呈现，并且这些形式可以在同一信息内容中灵活结合。例如，在社交媒体平台上，一条新闻报道可以同时包含图片、视频链接和用户评论，使得信息更加生动丰富。用户能够根据个人偏好选择不同的传播媒介，享受个性化的内容消费体验。

2. 用户主导的信息传播

与传统媒体由少数精英掌控传播渠道不同，新媒体赋予了普通用户更多的话语权。用户不仅是信息的接收者，还是信息的生产者和传播者。通过社交媒体、博客、短视频平台等，用户可以自由发布、分享和评论内容，成为信息流动的重要节点。用户主导的信息传播模式，使得信息流动更加去中心化。这种用户主导的信息传播打破了传统的传播垄断，任何个人都可以通过新媒体平台成为信息的发声者。这种信息的多元性使得新媒体内容更加多样化，呈现出丰富的个性化内容。同时，用户之间的互动也使得信息的传播速度大幅提升，特别是在热点事件或新闻突发时，用户通过分享和评论形成了病毒式传播，使得信息能够在短时间内迅速扩散。

3. 信息传播的即时性与全球化

新媒体传播的即时性是其另一大特点。在传统媒体中，信息从生产到发布通常需要一定的时间，如新闻报道需要编辑、校对和排版，电视节目需要拍摄和后期制作。而新媒体则通过互联网实现了信息的实时发布。通过社交媒体或新闻平台，信息可以在事件发生的同时迅速发布，并立即传达到全球的受众手中。这种传播的即时性使得新媒体在新闻报道、事件追踪等方面具有极大的优势。同时，新媒体的全球化特征也使得信息传播的范围更加广泛。借助互联网的全球连接性，信息可以不受地域限制地传播到任何地方。无论是个人用户发布的内容，还是官方新闻报道，都能够在全球范围内传播。这种全球化的传播使得跨文化、跨语言的信息交流更加便捷，也为全球事件的实时关注和讨论提供了平台。

4. 新媒体传播的碎片化问题

尽管新媒体在信息传播中展现出了诸多优势，但其碎片化特征也带来了新的挑战。在新媒体环境下，信息量庞大，更新速度极快，用户每天接触到的内容数量远超传统媒体时代。这种信息过载容易导致信息的碎片化。用户在短时间内接收到大量分散的、片段化的信息，难以形成对事件的全面理解和深入思考。此外，碎片化的传播模式使得用户的注意力更加分散。在社交媒体和短视频平台上，信息的长度通常较短，且用户可以快速滑动、跳转到其他内容，导致信息消费变得更加浅显。虽然用户可以在短时间内接收到更多的信息，但信息的深度和质量却可能因此受到影响。如何在信息碎片化的传播环境中保持内容的深度和完整性，是新媒体面临的重要挑战之一。

5. 信息真实性与传播信任危机

新媒体的去中心化传播模式带来了信息生产的多样性，但也因此加剧了信息真实性问题。由于新媒体平台上信息的发布门槛较低，任何用户都可以在平台上发布内容，导致虚假信息、谣言和不实报道更容易传播。特别是在重大新闻事件中，虚假信息的快速传播可能引发公众的误解甚至恐慌。如何有效甄别信息的真实性，成为新媒体传播中的一大难题。

为了应对这一挑战，许多新媒体平台已经引入了内容审核和事实核查机制。然而，由于信息传播速度快、量大，完全消除虚假信息的传播仍然十分困难。与此同时，虚假信息泛滥也导致了用户对信息来源的信任危机，许多用户对网络上的信息持怀疑态度。这种信任危机对新媒体的传播生态带来了负面影响，如何在保持信息自由传播的同时，确保信息的准确性和权威性，是未来需要解决的关键问题。

【本章小结】

本章深入探讨了新媒体的基础知识，详细介绍了新媒体的概念与特点，发展历程与趋势，以及新媒体传播的基本原理与模式。在新媒体的定义部分，讨论了其基于数字技术和互联网的本质，强调了其互动性、即时性和用户参与的重要性。新媒体的发展历程则展示了从数字化初期到移动互联网和社交媒体时代的演进过程，技术的不断进步推动了新媒体的迅速崛起，带来了全新的传播方式。

在传播原理的探讨中，揭示了新媒体传播中多向互动、去中心化和个性化推荐的特点，这些传播机制显著提升了信息的传播效率和精准性。此外，跨平台传播的模式也为信息的传播提供了更广泛的渠道和场景应用。尽管新媒体在传播中展现出多样性和灵活性，但其面临的挑战也不容忽视，如信息碎片化、虚假信息传播以及用户信任危机等问题。通过全面理解这些特点与挑战，本章为后续关于新媒体传播实践的深入探讨奠定了基础。

第二章

新媒体用户

【学习目标】

本章将深入探讨新媒体用户的相关概念、行为特征及其需求分析，旨在帮助学生理解新媒体用户的多样性以及如何进行有效的用户研究。通过学习新媒体用户的定义与分类，学生将能够明确不同类型的用户群体，并掌握其行为模式。接着，本章将引导学生了解新媒体用户调查的基本方法，分析如何通过数据和用户画像洞察用户需求，进而提高信息传播的精准性。最后，学生将系统掌握新媒体素养的概念与培养方式，了解其对社会的广泛影响。本章学习的核心目标在于使学生能够通过用户分析与实践，提升在新媒体传播中的用户管理与内容策划能力，并具备在日常传播中融入新媒体素养的意识与能力。

一、新媒体用户概述

在当前的信息社会中，新媒体用户群体展现出复杂而多样的特征。通过互联网和多媒体平台，用户既是信息的接收者，也是信息的生产者和传播者。理解新媒体用户的定义和分类是分析其行为特征和需求的基础。用户不仅根据不同的年龄、职业和兴趣分类，行为特征也受到文化、技术环境的影响。本节将深入探讨新媒体用户的多样性和行为差异性。

（一）新媒体用户的定义与分类

1. 新媒体用户的定义

新媒体用户指的是那些通过数字技术、网络平台参与信息传播、互动和生产的人群。与传统媒体时代的受众相比，新媒体用户不仅仅是信息的接收者，更多地扮演了内容生产者和传播者的双重角色。通过智能设备，如手机、平板、电脑等，他们能够随时随地通过互联网访问各种媒体平台，主动参与信息的生产和分享过程。

在定义新媒体用户时，技术环境的支持和用户行为的变化是关键因素。技术的普及为用户提供了更广泛的参与机会，不再需要依赖专业的媒体机构来传播信息。用户可以利用互联网技术，通过社交媒体、博客、短视频平台等多样化渠道进行内容互动，从而深度参与到信息传播的全过程。用户不仅仅依赖于特定的时间和空间进行互动，他们的行为变得更加灵活多样，信息的传播过程更加开放和去中心化。同时，新媒体用户的行为特征更加注重互动性。他们不仅通过阅读和观看内容来获取信息，还会积极参与评论、转发和发布原创内容。这种互动性使得新媒体用户能够在信息传播链中发挥更大的作用。通过参与内容的讨论和反馈，用户能够影响信息的传播速度和方向。在社交平台上，用户通过点赞、评论、分享等方式，不仅是信息的接受者，还成为信息的推动者，进一步扩大了信息的影响力。

新媒体用户的行为表现出高度的个性化和自主性。每个用户都可以根据自己的兴趣和需求选择所接收的信息种类和形式。在多媒体平台上，用户不仅可以阅读文字内容，还能观看视频、收听音频，通过不同的媒介形式体验信息的多样性。用户的选择范围得到了极大的扩展，他们可以自由选择信息获取的时间、地点和形式，这种自主性和灵活性是新媒体传播的重要特点之一。除了技术和行为特征，新媒体用户的定义还涉及平台和终端的多样化。在不同的平台上，用户的行为可能有所不同。例如，短视频平台上的用户更倾向于通过视频内容进行互动，而在博客平台上，文字表达则更加普遍。用户可以自由选择不同平台进行互动，跨平台操作成为新媒体用户的一个显著特征。

2. 新媒体用户的分类

新媒体用户的分类根据多种因素进行，主要包括行为、技术熟悉程度、使用场景等。通过这些分类，可以深入分析用户的需求和行为模式，进而为新媒体平台的运营提供有针对性的参考。按行为特征，新媒体用户可以分为内容创作者、信息传播者和信息消费者。内容创作者负责原创信息的生产，例如撰写文章、拍摄视频等，他们在新媒体平台上发挥着内容驱动的作用。信息传播者虽然不直接生产内容，但通过分享、转发等方式将信息扩散至更广泛的受众群体。信息消费者则是广泛的用户群体，他们主要通过阅读和观看的方式参与信息传播过程。

技术熟悉度是另一种分类方式。高技术熟悉度的用户往往是互联网的深度使用者，能够熟练掌握各种平台和工具，他们对技术有较高的适应能力。这类用户通常是早期的技术接受者，能够灵活运用新平台。中等熟悉度的用户可以适应日常的数字化操作，较为依赖常用的社交和信息平台。低技术熟悉度的用户则对新媒体的使用相对保守，通常只使用基本功能，在遇到复杂操作时可能需要更多帮助。

按使用场景分类，可以分为个人用户、商业用户和专业用户。个人用户主要是为了满足社交、娱乐、学习等方面的需求，他们的互动多发生在社交平台或视频平台上。商业用户以推广、营销为目标，利用新媒体平台进行品牌宣传、商品推广以及用户沟通。专业用户则主要集中在教育、科研等领域，通过新媒体进行知识传播、教育资源共享等，旨在提升信息的专业性和可信度。

新媒体用户还可以按照个体特征进行分类。年轻用户通常是新媒体的主力群体，他们习惯于利用社交平台获取信息，互动频率高，信息消费偏向娱乐化和碎片化。中老年用户则更多集中在特定的领域，他们更重视信息的实用性和可靠性。不同职业背景的用户在信息需求上也存在显著差异，比如科技工作者偏好专业性强的技术资讯，而文化领域的用户则更关注艺术、时尚等内容。

文化背景对新媒体用户的行为也有着深远的影响。在不同的文化背景下，用户的内容偏好和使用习惯会有所差异。例如，欧美用户在社交平台上更加注重个性表达和自主分享，而亚洲用户则更倾向于通过评论和点赞等方式进行互动。这种文化差异不仅影响用户的内容消费习惯，也影响平台的运营策略。

（二）新媒体用户的行为特征

新媒体用户的行为特征随着技术和平台的演变变得更加复杂和多样化。与传统媒体时代的受众相比，新媒体用户不仅在信息消费上展现出全新的互动模式，同时在内容生成和传播上也有了更大的自主性。理解这些行为特征有助于更好地掌握用户在新媒体平台上的习惯和需求，为传播策略的制定提供重要依据。

1. 信息消费的个性化和定制化

新媒体用户最显著的行为特征之一是信息消费的高度个性化和定制化。借助大数据和人工智能算法，平台能够根据用户的兴趣、历史浏览记录、互动行为等，精准推荐符合其需求的信息内容。用户不再是被动接收统一化的内容，而是能够根据自己的喜好选择想要接触的信息，形成了定制化的消费体验。这种个性化的信息消费行为提高了用户的黏性，用户可以更快、更便捷地找到自己感兴趣的内容，无须在海量信息中费时搜索。这种精准推荐不仅提高了信息的传播效率，也为用户带来了更好的体验，减少了信息过载带来的困扰。用户会根据平台提供的推荐或订阅的内容消费信息，并且这种行为逐渐成为日常生活的一部分。

2. 多任务处理与碎片化阅读

新媒体用户的行为另一个显著特征是多任务处理和碎片化阅读。在移动互联网和社交媒体时代，用户可以同时在多个平台上浏览不同的信息，并通过多任务处理的方式快速切换。这种行为不仅体现在同时使用多个设备上，也体现在信息消费的方式上——用户往往会在短时间内接触到多种形式的内容，如短视频、图文资讯和社交动态。碎片化阅读是新媒体用户行为中的常见现象。由于新媒体平台信息更新快、内容多样，用户通常不会长时间集中在某一内容上，而是通过快速滑动或点击浏览多个信息点。信息获取变得更加短暂和即时，用户在短时间内接受大量不同类型的信息。这种碎片化的消费行为也导致用户对深度内容的关注度相对降低，他们更倾向于获取简洁、直观的信息片段，满足即时的需求。

3. 高度的互动性与参与感

新媒体的互动性为用户提供了前所未有的参与机会，用户不再仅仅是旁观者，而是能够积极参与到信息的生成和传播过程中。评论、点赞、分享、转发等功能让用户能够与内容、其他用户和平台进行互动。这种互动性不仅改变了用户的角色定位，还塑造了新媒体传播的生态系统，形成了多向度的信息流动。通过互动，用户的参与感极大增强，他们能够及时反馈自己的意见，并对信息的传播产生直接影响。例如，某个用户的评论可能引发大量的讨论，使得该条信息的影响力成倍扩大。在短视频平台或社交网络上，用户的互动行为甚至可以影响内容的推荐算法，进一步推动信息的扩散。互动性使得信息的传播更具活力和灵活性，用户的每一个行为都可能成为信息流动的一部分。

4. 自主性与创造力的释放

新媒体用户的自主性不仅体现在信息的选择上，还体现在内容创作中。新媒体为用户提供了丰富的创作工具和平台，任何用户都可以成为内容创作者。短视频平台、博客、播客等形式使得用户能够轻松生成内容，并通过社交网络、视频平台等渠道传播。这种创作行为不仅丰富了新媒体平台上的内容，还促进了信息的多样化和个性化。新媒体用户的创造力在这种开放的环境中得到了充分释放。用户能够根据自己的兴趣、技能和知识背景创造出独特的内容，从而吸引更多关注和互动。用户生成内容的兴起改变了传统媒体中内容生产和消费的单一模式，形成了“人人都是创作者”的传播格局。通过创作，用户不仅是信息的消费者，也成了信息生态中的重要组成部分。

5. 社群意识与社交驱动的行为

新媒体平台上的用户行为通常受到社群意识和社交驱动的影响。社交媒体使得用户可以通过兴趣、职业或其他共同点聚集在一起，形成各种虚拟社群。这些社群中的成员通过讨论、分享、合作等方式进行互动，强化了用户的社交连接。这种社群行为推动了信息在群体内的快速扩散，同时也增加了用户的归属感和参与感。社群意识还体现在用户的行为模式中。用户在某些平台上会因社群的影响而参与某些活动或内容创作，例如，热门话题的讨论、特定兴趣圈的活动等，这种行为不仅基于个人兴趣，还受到社群内其他成员的行为驱动。社群中的互动增强了信息传播的速度与广度，用户会因为社交压力或群体归属感而更加积极地参与讨论或分享。社交驱动还使得用户更加注重在线形象的塑造，尤其是在公开的社交平台上。用户会通过选择发布的内容、参与的讨论、展示的观点来构建自己的数字形象，并与他人形成互动。这种社交行为不仅提升了用户在平台上的活跃度，还使得信息的传播更加个性化和社交化。

（三）新媒体用户的需求分析

新媒体用户的需求分析是理解其行为模式、使用偏好和互动方式的关键。通过分析用户需求，可以更有效地满足用户在新媒体平台上的使用体验，提升内容传播的精准度与用户黏性。新媒体用户的需求主要表现为对信息获取、个性化内容、互动体验以及社交连接等多个层面的渴求，理解这些需求有助于推动新媒体平台的发展与优化。

1. 信息获取的即时性与多样化需求

新媒体用户对信息获取的即时性有着强烈的需求。在数字技术高度发展的背景下，用户习惯于实时获取信息，无论是新闻、社交动态还是娱乐内容，用户都期望信息能够在事件发生的同时迅速呈现在他们面前。这种对信息即时性的需求促使新媒体平台不断优化其信息发布和推送机制，确保用户可以第一时间接触到最新、最相关的内容。此外，用户对信息内容的多样化也有着较高的期望。新媒体平台不再局限于单一的信息形式，用户可以通过文字、图像、音频、视频等多种媒介形式获取信息。这种多样化的需求反映了用户对信息呈现方式的选择性，平台需要提供丰富的内容形式，以满足用户的不同喜好。例如，在同一事件的报道中，用户可能既希望看到简洁的文字新闻，也希望有视频回顾或专家评论。这种多维度的信息需求促使平台在内容呈现上更加多样和灵活。

2.个性化内容推荐的需求

个性化内容推荐是新媒体用户的核心需求之一。随着信息量的快速增加，用户越来越依赖平台的推荐算法来筛选出与其兴趣和偏好相关的内容。通过大数据分析和用户行为监测，平台可以为每个用户定制化推荐内容，确保其接触到最感兴趣的信息。个性化推荐不仅提升了用户体验，还使得信息传播更加精准和高效。用户对个性化推荐的需求不仅仅停留在内容上，还涉及推送时间和方式的个性化。例如，有些用户喜欢在特定时间段接收新闻资讯，有些用户则偏好通过视频或图片进行信息消费。平台需要根据用户的习惯和偏好调整推荐策略，保证推荐内容的时效性和相关性。这种深度定制化的内容服务是满足用户需求的关键，也是提升用户活跃度和忠诚度的重要手段。

3.高互动性的需求

新媒体用户高度重视互动体验，他们不仅希望被动接受信息，还希望能够参与到信息的生产和传播过程中。通过评论、点赞、分享等互动行为，用户能够表达观点、与其他用户进行交流，并直接影响信息的传播路径。这种互动性使得用户在信息传播中的角色从单纯的接收者转变为积极的参与者。互动需求的背后反映了用户对表达自我和获得反馈的渴求。新媒体平台通过提供各种互动工具，如即时评论、投票、用户生成内容（UGC）等，满足了用户的这一需求。用户希望自己的互动行为能够被他人关注、回应，从而在虚拟社区中获得归属感和认同感。例如，在社交平台上，用户通过发布个人动态或评论热门话题，期望与朋友或陌生用户产生互动，增加社交影响力和参与感。

4.社交连接与群体归属的需求

新媒体用户除了获取信息和内容之外，还对社交连接和群体归属有着强烈的需求。社交媒体平台为用户提供了广泛的社交互动机会，用户通过平台可以与亲朋好友保持联系，分享生活点滴，同时也能加入各种虚拟社区，与有共同兴趣的用户互动。这种社交连接的需求是新媒体用户行为的重要推动力，许多用户选择使用新媒体平台的首要目的就是为了维持或拓展社交关系。在群体归属感的驱动下，用户积极参与社群活动，如在线讨论、共同参与某个热门话题、支持特定的兴趣群体等。这种社群互动使用户能够找到志同道合的人，获得情感上的认同和支持。通过平台的算法推荐和社群功能，用户可以更快找到与自己兴趣相符的群体，增强平台黏性。同时，用户也期待平台能够帮助他们拓展社交网络，发现新的朋友或联系点，进一步满足其社交扩展的需求。

5.隐私保护与数据安全的需求

随着新媒体技术的发展，用户的隐私保护需求日益凸显。新媒体用户在平台上留下大量的个人信息和行为数据，他们希望平台能够为这些数据提供安全保障，防止个人隐私泄露或被滥用。隐私保护不仅是用户选择平台的重要因素，也直接影响用户在平台上的互动和参与意愿。用户对隐私保护的需求体现在多个方面，包括对个人数据的掌控、对平台数据收集和使用的透明度等。许多用户希望能够自主选择哪些数据可以被收集，哪些可以被公开，同时也希望平台能够清楚告知数据的具体用途。此外，随着网络攻击和数据泄露事件的增加，用户对数据安全的担忧也在加剧，他们期望平台能够采取更加严格的安全措施，保障个人信息的安全。

6.持续学习与自我提升的需求

新媒体用户不仅使用平台获取娱乐信息，越来越多的用户希望通过新媒体平台进行知识获取和自我提升。在线教育、技能学习和专业知识的分享在新媒体平台上变得越来越普及，用户通过各种渠道，如在线课程、知识型视频等，满足自我提升的需求。这一趋势特别在年轻用户群体中表现明显，他们利用碎片化的时间进行学习，期望通过平台获得专业知识、实用技能等。这种学习需求驱动了新媒体内容的多样化发展，平台不仅需要提供轻松的娱乐内容，也要有深度的教育资源和知识分享渠道。用户对知识性内容的渴求促使平台积极引入优质的教育资源，并通过算法推荐，为每个用户提供个性化的学习内容，帮助他们实现自我成长。

二、新媒体用户调查

新媒体用户调查是信息传播中不可或缺的一环，它能够帮助我们精准掌握用户的行为模式和需求倾向。通过科学的调查方法和数据分析，媒体平台能够更好地理解用户的真实需求并调整传播策略。本节将介绍用户调查的基本方法，并深入探讨如何通过用户画像来描述和细分用户群体。学生将学习如何从数据中洞察用户需求，从而为新媒体内容的优化和精准传播提供依据。

（一）用户调查方法

用户调查是新媒体平台进行用户研究的重要手段，通过科学的调查方法，平台可以全面了解用户的行为习惯、偏好以及需求，从而优化内容制作、运营策略和产品设计。用户调查的方法多种多样，每种方法都有其特定的适用场景和优缺点。了解并灵活运用不同的用户调查方法，有助于平台获得更精准的用户数据，提升决策的科学性和效率。

1. 问卷调查法

问卷调查是一种常见且广泛使用的用户调查方法，它能够以较低的成本收集到大量用户的反馈信息。通过设计标准化的问卷，研究者可以快速了解用户对某一特定问题的态度、使用习惯以及需求等信息。问卷调查的优势在于可以覆盖广泛的用户群体，且用户能够自主选择填写时间，减少对日常行为的干扰。在问卷调查中，问题的设计至关重要。问题的措辞应当简洁明确，避免复杂的表述或带有引导性的语言，以确保用户能够准确理解并真实作答。此外，问卷设计时还应考虑用户的体验，避免过长的问题列表或重复性问题，以免降低用户的参与意愿和填写质量。在线问卷调查由于其便捷性和广泛的传播途径，已经成为新媒体用户研究中最为常用的手段之一。

问卷调查法的局限性主要在于用户自愿参与时可能带来的偏差问题。某些用户可能选择跳过部分问题或提供不完整的回答，这会影响数据的准确性。因此，在实施问卷调查时，研究者应考虑通过奖励机制或加强问卷的吸引力，来提升参与度和回答质量。

2. 深度访谈法

深度访谈是一种定性研究方法，通过面对面的交流或在线音视频对话，研究者可以深入了解用户的真实想法和潜在需求。与问卷调查相比，深度访谈具有更高的灵活性，访谈者可以根据用户的回答实时调整问题，进一步探讨某一特定主题或现象。访谈过程中，研究者还能够通过观察用户的非语言行为，如表情、语气等，获得更多的情感和态度信息。

深度访谈适用于获取详细的用户反馈，尤其是当研究者希望深入挖掘用户的使用体验、个人感受或对于某一新功能的看法时，这种方法显得尤为有效。通过与用户的直接互动，访谈者可以对用户的行为和决策逻辑有更深入的理解，帮助平台制定更符合用户需求的改进措施。不过，深度访谈也存在一些限制。由于需要与用户单独沟通，访谈的成本相对较高，且所能覆盖的用户数量有限，难以形成大规模的用户反馈样本。因此，深度访谈通常适合作为初步研究或辅助其他调查方法的补充，通过小样本深入分析来获得针对性建议。

3. 用户日记法

用户日记法是一种用户自己记录其行为的调查方法，研究者通过让用户在特定时间段内记录其日常行为、使用感受或产品互动过程，来获取用户的长期使用数据。用户日记法特别适合研究用户在自然环境下的行为模式，而不受外界干扰。这种方法能够较为真实地反映用户的行为轨迹，帮助研究者识别用户在不同情境下的使用习惯和问题。

在用户日记法中，研究者通常为用户提供具体的记录模板或提示，指导其如何记录数据。用户可以通过文字、图片甚至音视频的形式，详实记录使用体验。研究者可以通过这些资料，分析用户的行为路径和决策逻辑，并找出用户在使用过程中的痛点和需求。这种方法的挑战在于，用户可能会因为记录工作繁琐或时间紧张，导致日记记录不完整或缺乏连贯性。因此，研究者需要确保记录的方式简单易行，并通过适当的激励机制鼓励用户持续记录。此外，日记法的分析过程相对复杂，需要将大量的定性数据转化为可操作的结论，这对研究者的数据分析能力提出了较高要求。

4. 用户测试法

用户测试法是一种通过观察用户与产品或服务直接互动的方式，来收集用户反馈的研究方法。在用户测试中，研究者通常会设置一个特定的任务或情境，要求用户完成操作，并通过观察用户的行为、反应以及使用结果，了解产品设计中的优缺点。用户测试法广泛应用于产品开发阶段，尤其是在界面设计、用户体验优化等领域，能够帮助发现设计中的问题点并进行针对性改进。

用户测试可以在实验室环境下进行，研究者通过屏幕记录、眼动追踪等技术工具，详细分析用户的操作路径和思维过程。同时，也可以在用户的真实使用场景中进行测试，以更好地还原用户的日常使用体验。用户测试法能够获得较为准确的行为数据，并且测试过程中可以进行实时反馈和修改，具有较强的操作性。不过，用户测试法的实施成本较高，尤其是在需要使用高科技设备或实验室环境的情况下。此外，由于用户知道自己正在被测试，可能会导致行为不自然或刻意调整，因此研究者需要通过合理设计测试情境来减少这种干扰。

5. 数据分析法

数据分析法通过对用户在平台上的行为数据进行统计分析，挖掘用户的习惯、偏好及潜在需求。这种方法以用户的行为轨迹为基础，通过收集用户点击率、浏览时间、互动频率等数据，研究者可以从海量信息中总结出用户行为模式和趋势。数据分析法适用于大规模的用户研究，能够覆盖到广泛的用户群体，特别是当需要分析用户的总体行为时，这种方法具有极高的效率。通过分析用户数据，平台可以了解哪些功能最受欢迎、用户在哪些环节流失率较高、用户的互动行为如何影响信息传播等。这种数据驱动的用户调查方法具有高度的准确性和广泛的适用性，能够为平台的运营决策提供量化依据。然而，数据分析法也有其局限性。它更多关注的是用户的显性行为，无法直接获取用户的主观感受或深层次的需求。因此，数据分析法通常需要与其他定性研究方法结合使用，才能全面掌握用户的真实需求。

（二）用户画像的建立

用户画像的建立是新媒体平台精准用户研究和内容推送的重要工具。通过整合用户的行为数据、兴趣偏好以及人口统计信息，平台可以构建出详尽的用户画像，从而为内容制作、营销策略和用户体验优化提供数据支持。用户画像不仅帮助平台理解用户的基本特征，还能深入挖掘用户的潜在需求和行为模式，进而提升信息传播的效率与精准性。

1. 用户画像的定义与核心要素

用户画像是通过数据分析为特定群体的用户创建的虚拟形象，反映用户的行为特征、兴趣偏好以及社会属性等方面的信息。用户画像的核心要素通常包括人口统计信息、行为数据和兴趣爱好。人口统计信息如年龄、性别、职业、教育水平等是画像的基本组成部分，它们为理解用户的背景和生活状态提供了基础。而行为数据则反映用户在平台上的具体操作，如点击率、浏览时间、访问频率等，能够揭示用户在平台上的使用习惯和行为偏好。兴趣爱好则通过用户的历史行为、互动内容等数据来反映，帮助平台理解用户对哪些内容感兴趣。这些要素的结合，使得用户画像不仅仅是一种静态的描述，而是动态反映用户与平台互动的全貌。通过这些画像，平台可以了解用户的行为轨迹，预测其未来的行为倾向，从而进行有针对性的内容推送和服务优化。

2. 数据收集与整合

用户画像的建立首先依赖于全面的数据收集与整合。在新媒体平台上，用户的每一次点击、浏览、分享和评论行为都会被记录下来，这些行为数据是构建用户画像的基础。数据收集的方式可以包括用户注册信息、社交媒体互动记录、平台访问数据等。通过整合这些数据，平台能够构建出完整的用户行为模型。

数据的整合需要考虑多种来源，如社交媒体平台的数据、新媒体平台的使用记录以及用户通过第三方应用提供的公开信息。平台通过分析这些数据，能够发现用户的行为模式，并根据不同的数据来源进行交叉验证，确保画像的准确性。例如，一个用户可能在不同的社交媒体平台上展现出不同的兴趣，通过整合这些平台的数据，能够更加准确地构建其兴趣画像。同时，数据整合也涉及对隐私和安全的重视。为了确保用户画像的可靠性，平台必须遵循严格的数据保护法规，确保用户数据的使用是透明和合法的。用户隐私保护在数据收集和整合过程中至关重要，平台需要采取加密和匿名化等技术手段，确保用户数据的安全。

3. 用户分层与细分

在用户画像的建立过程中，用户的分层与细分是关键的一步。不同用户群体的需求和行为往往存在显著差异，平台需要根据这些差异将用户分层并进行细分。用户分层是基于用户的参与度、活跃度以及使用频率等行为特征，将用户划分为不同的层次。例如，活跃用户可能每天访问平台多次，进行大量互动，而休眠用户则可能长时间不访问平台。

细分则是在分层的基础上，根据用户的兴趣爱好、内容偏好和社会属性进一步区分用户群体。例如，一个电商平台可能会根据用户的购物偏好、消费能力等将用户划分为不同的消费群体，而一个内容平台可能会根据用户对不同类型内容的关注度进行划分。通过细分，平台可以为不同的用户群体定制化内容和服务，提高信息推送的相关性和用户体验的个性化。

细分的精细程度直接影响了用户画像的精准度。对于新媒体平台而言，细致的用户分层和细分能够帮助平台在运营中更好地把握用户的需求，提供更加贴合用户偏好的服务和内容。这种个性化的服务使得用户更容易保持长期的活跃度和忠诚度。

4.画像的动态更新与优化

用户画像并不是一成不变的，它需要随着用户行为和兴趣的变化进行动态更新。随着用户的生活状态、兴趣爱好、社交圈子等因素的变化，平台必须实时调整用户画像，以确保内容推荐和服务能够与用户的实际需求相匹配。例如，某个用户的兴趣可能会随着时间的推移从娱乐类内容转向专业知识类内容，平台需要通过实时监测和分析来捕捉这些变化，并及时调整画像。

画像的动态更新还依赖于平台的技术支持和算法优化。通过机器学习和人工智能技术，平台可以自动分析用户的最新行为数据，并根据用户的互动和反馈信息实时更新画像。这种技术驱动的优化使得用户画像的准确性和时效性得到显著提升，保证平台能够在快速变化的用户需求面前做出及时响应。此外，用户画像的优化还需要不断调整和校验。平台可以通过用户反馈、实验测试等方式，评估画像的准确性，并根据结果进行迭代。通过不断调整和优化，用户画像的表现能够更加符合用户的实际行为和需求，为平台的精准推送和服务改进提供更有力的支持。

5.用户画像在实际应用中的价值

用户画像的价值体现在多个层面。首先，它为新媒体平台提供了数据支持，帮助平台更好地理解用户的需求和行为习惯。通过精准的用户画像，平台可以根据不同用户群体的特点进行内容定制，提升用户体验和参与度。例如，在广告推送中，用户画像能够帮助平台根据用户的兴趣偏好，展示个性化的广告内容，从而提高广告的点击率和转化率。其次，用户画像在产品优化和市场策略制定中也具有重要作用。平台通过分析用户画像，可以发现用户使用平台时的痛点和偏好，从而在产品设计中进行改进。同时，画像还能够帮助平台细化市场定位，针对不同用户群体制定更加精准的营销策略，提高市场竞争力。最后，用户画像还有助于平台构建良好的用户关系管理体系。通过对用户画像的分析，平台可以识别出高价值用户、活跃用户以及潜在流失用户，并根据不同用户的特性制定相应的维护策略。这不仅有助于提升用户的忠诚度，也为平台的长期发展奠定了基础。

（三）用户需求的洞察与分析

洞察和分析新媒体用户的需求是平台提升用户体验和提高运营效率的关键环节。通过科学的分析方法，平台能够识别用户的潜在需求、使用习惯以及未来的趋势变化，为内容定制、产品开发和营销策略提供数据支持。洞察用户需求不仅仅依赖于表面行为数据的分析，还需要深度挖掘用户的情感需求、兴趣偏好和行为背后的动机，从而为用户提供更精准、个性化的服务体验。

1. 用户需求的多样性

新媒体用户的需求呈现出高度的多样性，源于不同用户的个体特征、使用场景以及平台属性的差异。某些用户注重信息的即时性，他们希望通过新媒体平台迅速获取最新的新闻资讯或娱乐动态。这类用户倾向于频繁使用新闻类应用或社交媒体，实时了解全球发生的重大事件。而另一些用户则更关注深度内容，寻求通过新媒体平台获取专业知识或技术信息。他们通常会选择内容较为深度的视频平台、知识分享类应用，满足学习和自我提升的需求。此外，用户的兴趣偏好也影响了他们对新媒体内容的需求。比如，有的用户偏好图文内容，有的用户更倾向于通过短视频或音频获取信息。了解这些多样化的需求，有助于平台优化内容分发机制，为不同需求的用户提供个性化的内容推荐，确保用户能够在最短时间内找到最合适的内容。

2. 数据驱动的需求分析

用户需求的洞察很大程度上依赖于数据分析。平台通过收集和分析用户的行为数据，包括点击率、停留时间、浏览路径等，能够发现用户的兴趣点和行为模式。通过大数据技术，平台可以在海量用户数据中识别出不同用户群体的共性需求，进而推导出更具普适性的用户需求模型。在需求分析过程中，平台通常会将用户行为数据与用户画像相结合，以更全面地了解用户的需求层次。通过分析用户的历史行为记录，平台能够预测用户未来可能的需求变化。例如，当一个用户在某段时间内频繁浏览某类内容，平台可以推断出该用户对该类信息的需求较高，并及时为其推荐相关内容。这种基于数据的分析方法使得用户需求的洞察更加科学和精准。

3. 情感需求的深度挖掘

除了基于数据的表面需求分析外，用户的情感需求也是需求洞察中的重要部分。情感需求包括用户在平台使用过程中对某些内容的情感反应和主观感受。比如，某些用户使用新媒体平台主要是为了社交互动，他们希望通过与他人的交流、点赞、评论等方式获得情感上的满足。这类用户的需求不仅仅是信息的获取，更在于社交圈层中的互动体验。为了挖掘用户的情感需求，平台可以通过情感分析技术，对用户的评论、反馈、聊天记录等进行分析，了解用户在内容互动中的情绪变化。通过捕捉用户的情感反应，平台能够为用户提供更加贴近其情感需求的内容，提升用户在平台上的整体体验感。例如，当用户在社交平台上展现出对某一话题的强烈兴趣或共鸣时，平台可以针对性地推送更多相关内容，增强用户的参与感。

4. 潜在需求的预测

用户需求的洞察不仅限于当前的显性需求，平台还需要通过数据分析和市场调研，预测用户的潜在需求。潜在需求是指用户目前未直接表达或显现出来，但未来可能会成为其主要关注的内容或服务。这种需求的预测对于平台的创新发展尤为重要，它能够帮助平台在市场变化和技术更新的前提下，提前布局相关内容或功能。

预测潜在需求的常见方法包括趋势分析和前瞻性用户研究。平台可以通过分析用户的长期行为数据和行业发展趋势，发现用户未来可能感兴趣的领域。例如，随着虚拟现实技术的逐渐普及，平台可以通过观察用户对现有互动内容的反馈，预测其对未来沉浸式体验的需求，并提前开发相关产品和服务。这种基于前瞻性分析的需求预测有助于平台在竞争激烈的市场中保持领先地位。

5. 个性化服务与需求满足

在洞察用户需求的基础上，平台需要通过个性化服务满足用户的多样化需求。个性化服务的核心在于根据用户的行为习惯和兴趣偏好，为其量身定制内容和功能，增强用户在平台上的体验感和归属感。例如，在社交媒体平台上，用户希望接收到的推送信息、展示内容都能够符合其个人兴趣，这不仅能够提高用户的参与度，还能有效降低用户流失率。通过个性化推荐算法，平台能够为不同用户提供专属的内容推送服务。无论是新闻、娱乐还是教育类内容，用户都能根据其个性化需求获得专属的推荐，这种定制化服务不仅提升了内容传播的精准性，也使得用户在海量信息中更加便捷地找到适合自己的内容。个性化服务已经成为满足用户需求的重要手段，它将用户的个人需求与平台的内容生产、推送机制紧密结合，使得信息传播更加高效和精准。

6.持续优化的用户需求分析

用户需求的洞察和分析并非一劳永逸的任务，它需要平台不断进行数据更新和分析优化。用户的需求随着时间、技术和市场的变化不断发展，平台必须通过持续的数据监测和市场调研，及时捕捉这些变化，并相应调整运营策略。通过持续的需求分析，平台能够保持与用户需求的同步，确保所提供的服务和内容始终符合用户的最新期望。

需求分析的持续优化可以通过实时数据监测、用户反馈收集和定期的市场调研来实现。平台可以通过用户的互动行为、反馈意见以及市场动态，发现新的需求趋势，并将其应用到平台的内容更新和产品开发中。这种动态的需求分析能够使平台始终处于市场的前沿，为用户提供更加贴合其需求的优质服务。

三、新媒体素养

在信息爆炸和技术快速发展的背景下，新媒体素养逐渐成为人们必备的技能之一。新媒体素养不仅仅是对技术工具的熟练操作，还包括对信息的判断、分析与批判性思维的培养。本节将详细讲解新媒体素养的概念，并通过对不同群体素养需求的分析，阐述如何培养个人和群体的新媒体素养。学生将在本节中学习如何在日常生活和专业实践中运用新媒体素养应对复杂的信息环境，并了解这种素养对社会的广泛影响和深远意义。

（一）新媒体素养的概念

新媒体素养是指个体在面对快速变化的新媒体环境时，能够有效地理解、使用、评估和创造数字化内容的综合能力。随着互联网技术和新媒体平台的飞速发展，用户不仅需要具备基本的数字技能，还需要掌握如何在信息过载的环境中筛选出有价值的内容，并在互动过程中保持对信息的批判性理解。新媒体素养涵盖多个层面，包括信息获取、内容判断、社交互动以及内容创造等方面。

1.信息理解与处理能力

在新媒体环境中，用户每天都面对海量的信息流。信息理解与处理能力是新媒体素养的核心部分，它要求用户能够快速有效地识别、筛选和理解各种形式的数字内容。新媒体平台上，信息通常以文字、图像、视频等多媒体形式呈现，用户需要具备较强的跨媒体阅读能力，能够快速适应不同形式的信息载体。同时，用户还需要掌握如何分辨信息的来源、权威性和真实性，以防止受到虚假信息的误导。信息处理能力不仅限于对内容的接受，还包括对信息的组织和管理。用户在面对大量信息时，如何合理分类、保存和整理成为其必须具备的技能之一。这一过程不仅能够帮助用户更好地管理个人的数字资源，还可以提高用户的工作效率和学习效果。通过合理的信息处理，新媒体用户能够从庞大的信息流中提取出最具价值的内容，满足个人的需求和目标。

2.批判性思维与判断能力

在新媒体时代，信息的传播速度和广度前所未有。用户需要具备批判性思维来审视和评估所接收到的信息内容。新媒体素养要求用户不仅要能够理解信息的表面含义，还要深入分析信息背后的意图、动机和潜在影响。通过批判性思维，用户可以识别出虚假信息、偏见以及具有误导性的信息内容，从而做出更加理性和明智的判断。

批判性思维的培养不仅帮助用户在复杂的信息环境中保持清醒，还促使他们在社交互动中做出负责任的选择。例如，在社交媒体平台上，用户常常会接触到未经验证的信息，这时需要用户具备独立思考的能力，拒绝轻易相信和传播未经核实的内容。这种判断能力是构建健康的数字社交环境的重要基础。

3.社交互动与伦理意识

新媒体素养不仅关乎信息的理解和处理，还涉及用户如何在数字平台上进行互动。社交互动能力要求用户能够在各种数字平台上与他人进行有效的沟通和协作。在社交媒体平台、在线讨论区以及各种互动应用中，用户通过评论、分享、私信等方式与他人互动，这要求用户能够合理运用语言技巧和沟通策略，以确保沟通的有效性和礼貌性。同时，社交互动中的伦理意识是新媒体素养的重要组成部分。用户在新媒体平台上发表言论或进行互动时，必须意识到其行为可能对他人造成的影响。负责任的社交行为包括尊重他人的隐私、不散布虚假或有害信息、不参与网络暴力等。用户应当遵循道德规范和平台规定，构建积极健康的网络环境。新媒体素养中的伦理意识不仅涉及个人行为，还涵盖平台上的集体互动。例如，在评论区或在线社区中，用户需要尊重他人的观点，避免恶意攻击和人身攻击。通过培养强烈的伦理意识，用户能够在社交互动中更加负责任，并为数字社会的良性发展贡献力量。

4. 内容创造与传播能力

新媒体素养的另一个重要方面是内容创造与传播能力。现代新媒体环境赋予了每个用户成为内容生产者的机会。无论是发布博客、拍摄短视频，还是进行社交媒体上的内容分享，用户都可以通过简单的技术手段生产并传播自己的内容。这种能力使得用户不再仅仅是信息的接收者，而是信息流动中的积极参与者和贡献者。在内容创造过程中，用户需要具备基础的数字技能，例如图片编辑、视频剪辑、音频处理等技术，同时还需要掌握基本的创意表达技巧，以确保内容的吸引力和可读性。内容创造不仅要求技术上的熟练，还需要用户理解受众的需求，合理规划和设计内容的结构和风格，以使内容能够在传播过程中获得更大的关注度和影响力。内容传播能力则体现在用户如何通过新媒体平台有效地分发和推广自己的内容。新媒体平台为用户提供了多种渠道进行内容的发布和传播，例如社交媒体、视频平台、播客等。用户需要理解不同平台的受众特点和传播机制，从而优化内容的传播效果，确保其能够广泛触达目标受众。

5. 新媒体平台的技术适应力

在新媒体时代，技术的迅速更替要求用户具备较强的适应力。新媒体素养中的技术适应力不仅要求用户能够熟练使用当前的数字工具和平台，还要求他们能够迅速学习和掌握新兴技术和工具。这种适应能力不仅包括对操作界面的熟悉，还涉及对平台功能、数据隐私设置、信息安全等技术细节的掌握。技术适应力还体现在用户如何应对不断变化的传播环境和技术更新。随着技术的不断革新，用户需要具备持续学习的能力，不断提升自己的技术水平，以适应新媒体环境的快速变化。例如，随着人工智能和大数据技术的普及，用户需要了解如何保护自己的数据隐私，合理运用平台提供的隐私保护功能，防止个人信息的泄露。

（二）新媒体素养的培养

新媒体素养的培养需要通过多个维度的训练，使用户在复杂的数字环境中提升核心能力。这包括信息处理、批判性思维、内容创作、技术应用和社交互动五个方面，每个方面都可以进一步细化为具体的培养方法，以帮助用户系统提高新媒体素养。

1.通过层次化筛选提升信息处理能力

信息处理能力是应对信息过载的关键。用户需要通过逐步训练，掌握如何从海量信息中筛选出最有价值的内容。这可以通过三个具体步骤实现。

（1）关键词和过滤技巧

用户应学习如何通过设置关键词或主题过滤器筛选信息。通过平台提供的过滤工具或自定义搜索模式，用户可以迅速找到与自身需求匹配的信息。这一技巧适合日常新闻、研究资料或社交媒体信息的获取。

（2）信息分类和整理

筛选信息后，用户需要学会如何对信息进行分类与整理。例如，使用标签、文件夹或收藏夹功能将信息按主题、来源或重要性分类存储，形成高效的个人信息管理系统。这有助于用户在日后快速找到所需内容，避免信息冗余。

（3）信息整合与总结最终

用户应掌握如何对获取的信息进行整合与总结。例如，用户可以将相似的信息整合为一篇简短的总结，提炼出关键信息点，以形成条理清晰、便于理解的知识链条。这一技能有助于长期信息积累，并提高用户的内容记忆与应用能力。

（4）通过案例分析和反思培养批判性思维

批判性思维的培养能够帮助用户在信息获取和分析过程中保持理性判断，避免被误导或误解。批判性思维的具体培养步骤包括：

（5）案例分析训练

用户可以通过真实或虚拟案例分析，学会如何质疑信息的来源、立场和背景。平台可以提供典型案例，让用户分析其中的逻辑漏洞或潜在偏见，训练他们如何发现问题。这种训练有助于用户在日常信息接触中，形成更敏锐的质疑能力。

（6）多角度审视信息

用户应学习如何从多个角度审视同一信息源，避免单一观点的局限性。通过对比不同的报道或分析，用户可以识别出相互矛盾的细节，从而深入理解问题的复杂性。平台可以通过提供不同视角的资料，帮助用户训练这种多维度思考能力。

（7）自我反思与调整

最后，批判性思维的养成需要用户定期进行自我反思。反思自己的判断过程，思考是否存在认知偏差或误解，从而在下次信息处理时进行调整。这一过程能够帮助用户不断提升信息处理的准确性，并避免重复错误。

2. 如何通过主题策划与编辑提高内容创作能力

内容创作能力的提升需要系统训练，从内容策划到编辑，再到发布，每一个环节都可以进一步细化。具体培养步骤如下：

（1）主题策划与受众分析

用户应首先学会如何围绕特定主题进行策划，包括确定创作目的、分析目标受众和设定创作框架。通过了解受众的需求，用户可以调整内容的风格和表达方式，使其更具吸引力。这一训练有助于用户为不同的内容类型（如博文、视频等）确定合适的主题。

（2）内容编辑与多媒体应用

在策划之后，用户需要学习如何通过文字、图片、音频、视频等多媒体形式进行内容创作和编辑。用户可以通过平台的编辑工具或第三方应用，掌握如何优化内容的表现力。这包括剪辑视频、处理图片、润色文字等技能，帮助用户将原始创意变为高质量作品。

（3）发布与传播优化

最后，用户还需掌握如何在不同的新媒体平台上发布和推广内容。平台应教授用户如何选择最佳发布时间、使用标签提升内容曝光度，以及通过互动提高内容的传播效果。通过这些实践，用户能够有效扩大内容的受众群体，并提高自身的影响力。

3. 通过任务实践培养技术应用能力

随着技术的快速更替，用户应通过实操任务熟练掌握新媒体工具和平台操作。具体步骤包括：

（1）平台工具使用训练

用户可以从最基础的数字工具使用开始，例如如何管理社交媒体账户、编辑内容、调整设置等。通过对平台工具的熟练操作，用户能够提高其数字技能水平，并在新媒体平台上进行更加流畅的操作。

（2）多样化技术应用实践

为了培养用户的技术应用能力，平台可以设计多样化的任务项目，例如让用户通过数据分析工具研究社交媒体的用户行为，或使用设计软件制作原创内容。这类任务可以逐步增加难度，帮助用户在实践中掌握技术要点，最终具备独立解决问题的能力。

（3）技术敏感度的提升

除了基本的工具操作，用户还应具备对新兴技术的敏感性。平台可以定期推出技术前沿课程，让用户接触到如人工智能、虚拟现实等新兴技术，并通过模拟训练帮助用户提前掌握这些技术的实际应用。通过不断学习新技术，用户能够时刻保持对数字环境的适应力和创新能力。

4.通过协作项目和数字礼仪培养社交互动能力

社交互动能力的提升不仅需要语言表达技巧，还要具备良好的合作精神和数字礼仪。具体步骤如下：

（1）虚拟协作项目的实践

用户应通过参与虚拟协作项目学习团队合作和沟通技巧。平台可以组织小组合作任务，例如策划一次线上活动或联合创作内容。通过与团队成员的密切协作，用户可以提升在数字环境中组织、协调和反馈的能力。

（2）社交礼仪与沟通策略

社交互动能力还包括数字礼仪的培养。用户应学习如何在新媒体平台上尊重他人的隐私和言论权利，并避免不当行为。通过模拟情景互动，平台可以帮助用户理解如何在数字环境中进行得体的沟通与交流，避免冲突和情绪化表达。

（3）隐私保护与数字安全意识

用户需要学习如何在社交互动中保护自己的隐私和个人信息。平台应提供相关安全培训，让用户了解如何使用隐私设置、避免信息泄露，并识别潜在的网络威胁。通过这些安全技能的培养，用户能够在互动中既展现自己，又能保障个人安全。

（三）新媒体素养的社会影响

新媒体素养不仅仅是个人在数字环境中的生存技能，它还对社会整体产生了广泛而深远的影响。在全球信息化的背景下，新媒体素养的普及正在塑造个人、群体和社会的互动方式，改变着公众参与、文化传播以及社会道德等多个层面。理解新媒体素养对社会的影响，有助于我们更好地应对数字化转型中的机遇与挑战。

1. 公民参与的提升

新媒体素养对公民参与的提升起到了积极作用。随着社交媒体和数字平台的普及，越来越多的个人可以通过新媒体表达意见，参与社会讨论和公共事务。具备新媒体素养的用户不仅能有效获取信息，还能通过评论、分享、转发等方式积极参与社会议题的讨论。这种参与形式为公众提供了更加便捷的渠道，使得信息的传播更加开放、透明，增强了公民的社会责任感。通过新媒体平台，公民可以直接与政府、企业或社会团体进行互动，打破了传统信息传播中的层级结构。例如，在政治选举中，具备新媒体素养的公众可以通过网络进行信息的传播和讨论，表达对社会问题的看法，推动政策讨论的广泛展开。这种在线互动的便利性提高了公众对社会事务的关注度，促使更多人参与到社会治理和公共事务中。

2. 文化传播的多样性

新媒体素养的普及促进了文化的多样性传播。在数字平台上，不同文化背景的用户可以通过内容创作和分享，展示本土文化的特色和传统，同时也能接触到全球其他地区的文化产品。这种双向传播拓宽了文化的边界，让不同文化在全球范围内更加紧密地交融与互动。用户不仅是文化的消费者，还是文化的创造者和传播者，推动了文化内容的多元化发展。新媒体素养在推动文化传播的过程中，帮助个体通过数字技术掌握表达与展示本土文化的技能。例如，一些来自偏远地区的用户通过短视频平台，分享他们的生活方式、语言、艺术等，使得这些原本可能被忽视的文化得以被更多人关注。同时，用户还可以利用新媒体技术将传统文化与现代创意结合，产生新的文化形式，促进传统文化的创新与传承。

3. 信息传播的影响力扩大

具备新媒体素养的用户能够更加自如地控制信息的传播路径，从而扩大信息的影响力。在数字环境中，信息的传播不再局限于传统的单向模式，用户可以通过互动、分享等方式参与到信息的二次传播过程中。尤其是在社交媒体平台上，信息的传播速度和范围被大大扩展，用户不仅能够消费信息，还可以通过创作和分享成为信息的生产者与扩散者。这种影响力的扩大在公共事件和危机传播中尤为显著。例如，当重大新闻或社会事件发生时，具备新媒体素养的用户通过新媒体平台发布和分享相关信息，迅速将事件扩展到全球范围。这种即时传播能力不仅提升了信息的透明度，也促使社会对事件的反应更加迅速。同时，这种信息流动的速度和广度也带来了对信息真实性和可信度的考验，强调了新媒体素养中信息辨别能力的重要性。

4. 社会道德的重塑

新媒体素养对社会道德的重塑有着深远的影响。随着用户在数字平台上互动的频率增加，社交媒体中的道德规范和行为准则逐渐形成。具备新媒体素养的用户通常具备较高的道德意识和责任感，能够意识到虚假信息、网络暴力等行为的危害，进而自觉抵制不道德的行为。这种素养不仅影响个人行为，也在一定程度上塑造了整个网络社群的互动文化。在社交平台上，用户通过评论、分享和互动的方式构建了一个复杂的社会网络。在这个网络中，用户的行为不仅影响到他们个人，还会通过互动扩展到更广泛的社群。具备新媒体素养的用户能够通过负责任的行为，如尊重他人隐私、不传播虚假信息、拒绝网络暴力，来构建一个更加健康的数字社交环境。这种道德重塑使得新媒体平台的互动变得更加和谐，也为数字社会的可持续发展奠定了基础。

5. 教育与职业发展的加速

新媒体素养对教育和职业发展带来了显著的推动力。具备新媒体素养的个人能够更加自主地利用数字资源进行学习、提升职业技能，并通过自媒体或其他平台创造职业机会。新媒体的开放性为用户提供了海量的学习资源，用户可以通过在线课程、社群学习等方式获得知识，并灵活地应用于个人职业发展。在职业发展领域，用户能够通过新媒体展示自己的专业技能、建立个人品牌，甚至通过内容创作获得收入来源。例如，自由职业者、创作者通过社交媒体、短视频平台发布内容，吸引粉丝和潜在客户，进而获得经济收益。新媒体素养的培养使得用户不仅能够有效获取和处理信息，还能够通过技术手段转化为职业机会，拓宽了传统职业发展的路径。

【本章小结】

本章围绕新媒体用户的特性进行了深入探讨，重点分析了新媒体用户的定义与分类、行为特征以及需求分析。同时，探讨了用户调查的方法和用户画像的建立过程，进一步揭示了如何通过科学的数据手段精准把握用户的需求与特征。在新媒体素养方面，本章详细介绍了新媒体素养的概念、培养途径以及其对社会产生的广泛影响。

通过对新媒体用户特征的解读，读者可以更好地理解用户在新媒体平台中的多样化角色，并掌握如何通过调查和分析提升用户管理效率。同时，新媒体素养的培养为用户的数字生活和社会互动提供了重要的支持，推动了数字平台上的内容创造和社交行为的规范化。随着新媒体环境的快速演变，用户的需求和行为模式也将持续变化，培养和提升新媒体素养在未来显得更加必要。这一章为后续进一步探讨新媒体内容创作与传播打下了坚实的基础。

第三章

新媒体内容创作与传播

【学习目标】

通过这一章的学习，学生将深入理解新媒体内容创作与传播的核心概念，并掌握从内容策划到实际操作的全流程技能。重点放在如何制定内容创作的基本原则与策略上，以确保内容具有针对性和目标性。同时，学生会学习如何运用多种媒体形式（如文字、图片、音频、视频）进行内容创作，提升表达的多样性与互动性。此外，还将掌握选择和利用传播渠道的方法，理解不同渠道在内容传播中的优势与适用场景。通过评估内容传播效果，学生能够学会如何使用数据反馈进行内容优化，确保传播效果的最大化。在实际操作中，能够将创作与传播的理论知识应用于实际的新媒体内容生产中，全面提升内容影响力与传播效率。

一、内容创作的原则与策略

（一）内容创作的基本原则

在新媒体环境中，内容创作不仅要求具备创意，还需要遵循一系列基本原则，以确保内容能够准确、有效地传递信息，并获得受众的认可。这些原则为创作者提供了规范，使其能够在内容生产过程中平衡创作自由和信息质量，从而提升内容的传播效果和影响力。以下是新媒体内容创作的几个核心原则。

1. 真实性与准确性

无论是哪种形式的内容，真实性与准确性始终是内容创作的首要原则。新媒体平台上的信息传播速度快、覆盖面广，一旦内容出现虚假或不实信息，不仅会对用户造成误导，还可能对创作者的信誉造成不可挽回的损害。因此，内容创作过程中，创作者应当确保信息来源的可靠性，避免夸大或扭曲事实。特别是在新闻报道、数据引用等内容类型中，准确性显得尤为重要。为了保证真实性，创作者应多方验证信息，引用权威资料，并对所传达的信息进行全面评估和审核。

2. 创新与独特性

在信息过载的时代，如何让内容脱颖而出成为每个创作者必须面对的挑战。创新并不意味着完全摆脱传统，而是要求创作者能够结合自身特色，灵活运用新的表达手段，使内容在保留专业性和规范性的同时具有独特的风格。通过对热点话题进行新的角度分析、借助新兴的数字工具创作多媒体内容，创作者可以提升内容的原创性，吸引用户的持续关注。同时，创新也体现在内容的传播过程中，创作者可以尝试使用多平台、多渠道策略，进一步扩大内容的受众群体。

3. 受众导向

不同的受众群体有着不同的信息需求和偏好，创作者需要根据受众的特征调整内容的风格、语气和传播方式，以提升内容的吸引力和互动性。例如，年轻受众可能更偏好短视频或富有视觉冲击力的图片，而年长受众则更倾向于阅读深入分析型的文字内容。为了更好地实现受众导向，创作者可以通过数据分析工具了解受众的行为模式和兴趣偏好，从而针对不同的受众群体设计内容创作策略。

4. 清晰与简洁

为了确保信息的清晰传达，创作者在内容创作时应避免使用过于复杂的词汇和结构冗长的句子。无论是文字内容、视频解说，还是图像设计，都应注重表达的简洁性，确保受众能够在短时间内获得主要信息。在进行深度内容创作时，清晰的逻辑结构和简洁的段落划分也有助于提升受众的阅读体验。简洁不意味着内容的简陋或浅显，而是要求创作者通过优化信息表达，将内容的核心价值直接呈现给受众。通过清晰、简洁的表达，创作者可以提高信息的传达效率，增加内容的可读性和传播力。

5. 互动性与参与感

互动性原则要求创作者在设计内容时，预留足够的空间和方式，让受众能够通过评论、点赞、转发等形式参与到内容的传播中来。例如，创作者可以在文章或视频中设置提问环节、发布互动投票，或者鼓励用户提交个人故事和意见。通过这些互动设计，创作者不仅能够增强与受众的联系，还能够通过反馈信息进一步调整和优化内容。互动性越强，内容的传播潜力也就越大，因为受众的主动参与往往会带来更多的二次传播机会。

6. 持续性与连贯性

在新媒体环境中，用户期望能够定期获得新鲜内容，创作者如果能够保持持续的更新节奏，便能够有效维系与用户的长期关系。与此同时，连贯性体现在内容的风格、语气和信息传递上。无论是单个作品，还是多个作品之间，都应保持一致的风格和逻辑，以便受众能够在内容消费的过程中形成良好的理解与认知。这种连贯性有助于提升内容的可信度和影响力，让受众在持续的内容消费中产生更多的忠诚感和信任感。

（二）内容创作的策略

在新媒体平台上，内容的创作不仅仅依赖于创作者的个人灵感，还需要有系统性的策略来保证内容的质量和传播效果。良好的内容创作策略能够帮助创作者明确目标、优化资源利用，并有效地吸引目标受众。内容创作策略的制定和实施贯穿整个创作过程，从前期策划、创作执行到后期推广，每一步都需要精准的策略指导。

1. 目标设定策略

在开始内容创作之前，创作者首先需要明确创作的目标。目标可以是多样的，包括增加内容的曝光率、提高用户的互动率、建立品牌认知或实现内容的盈利等。不同的目标决定了内容的方向和创作风格。设定清晰的创作目标有助于创作者在内容制作的过程中保持一致性，并根据目标制定相应的传播和推广方案。例如，如果目标是提高品牌认知度，那么内容需要突出品牌的独特价值，采用具有品牌特色的视觉元素和语言风格。同时，创作者可以设定具体的量化目标，如视频观看次数、分享次数等，通过数据来衡量创作目标的实现程度。这种目标导向的策略能够帮助创作者在创作过程中保持清晰的方向，确保内容能够有效达成预期效果。

2. 内容策划与设计策略

成功的内容创作离不开周密的策划与设计。在内容策划阶段，创作者需要确定主题、受众、创作形式以及内容的核心信息。这一阶段的策划决定了内容是否能够吸引到目标受众并引发他们的兴趣。策划时，创作者应充分考虑受众的需求和兴趣点，确保内容具有针对性和相关性。内容设计策略则涉及内容的表现形式与表达手法的选择。例如，文字、图片、音频、视频等多媒体形式可以根据内容主题进行组合运用，从而增强信息的传播效果。设计策略还包括内容的节奏、色彩搭配和视觉元素的安排等。这些设计元素的合理应用能够提升内容的视觉吸引力，使内容更具传播潜力。

3. 内容创作周期策略

制定合理的内容创作周期是提高创作效率的重要策略之一。创作者应根据内容的复杂程度和发布平台的特点，规划创作时间表，确保内容的持续输出。对于日常更新的社交媒体平台，内容创作的周期通常较短，需要快速反应和高效执行，而对于深度分析类或大型项目类内容，创作周期可以适当延长，确保内容的质量。在内容创作周期策略中，还需要考虑内容的更新频率。保持适度的更新频率可以帮助创作者维系与受众的联系，增加受众的期待感。创作者可以通过内容日历工具提前安排内容发布的时间节点，确保内容输出的持续性和连贯性。此外，创作者还可以根据内容的反馈情况及时调整创作周期和更新节奏，以应对受众需求的变化。

4. 互动与反馈策略

在新媒体平台上，内容创作不仅仅是单向的输出，互动与反馈同样是创作策略中不可忽视的环节。通过与受众的互动，创作者可以获得宝贵的用户反馈，从而优化内容创作的方向和形式。互动策略包括在内容中设置提问、发起投票或鼓励用户评论等，这些互动方式能够有效提升受众的参与感，并为内容的二次传播提供动力。此外，及时回应用户的反馈，展现创作者的互动意识也是内容创作策略中的重要组成部分。用户的反馈不仅有助于创作者了解受众的需求，还能够为后续内容的优化提供有力支持。例如，创作者可以根据用户的反馈调整内容的表达方式、改进内容的主题选择或调整内容的时长和节奏。互动与反馈策略帮助创作者保持与受众的紧密联系，提升用户的黏性和忠诚度。

5. 多平台传播策略

新媒体内容的传播不仅局限于单一平台，创作者应积极制定多平台传播策略，最大化内容的曝光率。不同的传播平台有着各自的受众特点和传播机制，创作者可以通过多平台发布内容，扩大内容的覆盖面。例如，创作者可以将文字内容发布到博客平台，将相关图片和视频内容发布到社交媒体或短视频平台，从而形成内容传播的多重链条。多平台传播策略不仅要求内容形式的多样化，还需要针对不同平台优化内容的表达方式。每个平台的用户习惯和内容消费模式存在差异，创作者需要根据平台特点对内容进行调整。例如，微博用户偏好简短、即时的信息，而抖音用户更倾向于观看轻松有趣的短视频。通过平台的个性化内容调整，创作者能够实现精准传播，提高内容的点击率和分享率。

6. 数据驱动的优化策略

内容创作策略的最后一步是通过数据分析对内容进行持续优化。在新媒体平台上，每一篇内容的传播效果都可以通过数据进行衡量，如阅读量、转发量、评论数、点赞数等。创作者应利用这些数据，分析内容的表现情况，找出哪些内容最受用户欢迎，并进行相应的优化调整。数据驱动的优化策略可以帮助创作者明确内容创作中的优势和不足。例如，如果某一类型的内容在多个平台上都表现不佳，创作者可以考虑调整内容主题、修改标题或改变内容呈现方式。而对于表现优秀的内容类型，则可以进一步优化和延续其风格。通过不断分析数据并调整创作策略，创作者能够提升内容创作的精准度和有效性，确保在激烈的竞争中保持竞争力。

二、文字、图片、音频、视频等多媒体内容创作技巧

随着新媒体的快速发展，内容创作已不再局限于单一的文字表达，越来越多的创作者开始通过多媒体形式丰富内容呈现。无论是文字、图片，还是音频和视频，各类媒介的创作技巧都直接影响到内容的传播效果和用户体验。通过灵活运用这些多媒体工具，创作者可以更加生动形象地表达信息，增强与受众的互动性。掌握多媒体内容创作技巧，不仅是新媒体内容创作的核心能力，也能帮助创作者在竞争激烈的环境中脱颖而出。

（一）文字内容创作

在新媒体平台的内容创作中，文字内容依然是最为基础且核心的组成部分。尽管多媒体形式日益丰富，但文字能够以最直接的方式传递信息，并在新媒体环境中发挥重要作用。为了让文字内容能够吸引读者、传达有效信息并实现传

播效果的最大化，创作者需要在多个方面进行细致的把控和策略性调整。

1.文字简洁性与高效信息传递

在文字内容创作中，简洁性是创作的核心要素之一。在如今注意力碎片化的时代，受众通常不会花费过多时间阅读冗长的文字。因此，创作者需要通过简短有力的句子快速传递信息，避免过多的背景描述或不必要的细节。简洁不代表内容的单薄，而是指创作者应学会删繁就简，将核心观点以最直观、直接的方式表达出来。使用短句和简单的结构有助于让读者在最短的时间内掌握关键信息。

具体技巧：采用短句为主，长短句结合，避免一连串的复杂结构；将段落控制在3-4句，保证段落层次清晰，避免信息混乱；使用标题和副标题分段，帮助读者快速找到需要的内容；利用列表形式或关键词突出信息核心，方便受众快速浏览。

举例：在一篇关于“如何提高生产力”的文章中，创作者可以直接提出建议，如：“每天制定一个可行的目标，并将大任务拆分为多个小任务。”然后，简洁地列出步骤：（1）制定每日目标；（2）利用时间管理工具，如番茄工作法；（3）定期检查进度。这样通过简短的句子和清晰的结构，帮助读者迅速获取信息，避免信息过载的负担。通过这种方法，内容既保持了简洁性，又确保了读者可以轻松理解和实施。

2.目标受众分析与语言风格调整

在新媒体平台上，针对不同的受众群体进行文字创作，必须依据他们的喜好和阅读习惯调整内容的表达方式。对于年轻用户群体，语言风格需要更加轻松活泼，内容结构应简明直接，配合网络流行语或互动话题，增强亲和力和趣味性。而对于专业性强的文章，文字表达则应正式严谨，使用精确的术语，并提供充分的论证和参考资料。不同受众的需求决定了内容的基调与语言风格，因此在内容创作之前，必须进行深入的受众研究。

具体技巧：通过数据分析了解受众的阅读偏好，例如社交平台上的互动数据、阅读时长等；针对不同的受众群体，选择合适的写作风格，如年轻受众适合幽默、轻松的语言，而专业受众需要严谨、权威的表达；根据文章的具体平台调整语调，社交媒体上适合口语化的表达，而专业博客中需要更加正式的语言。

举例：如果目标受众是年轻的社交媒体用户，创作者可以使用轻松且带有亲和力的语言，例如“你有没有发现早上上班路上根本没时间吃早饭？别担心，我们为你准备了5个超快早餐方案！”这样的语气轻松随意，容易引发共鸣。相反，如果内容是为专业读者撰写的金融分析文章，则需要采用正式的语言风格，例如：“本季度的市场波动反映了全球供应链的复杂性，投资者应关注中长期趋势，以作出更稳健的决策。”这种语言更具权威性，能够赢得专业受众的信任。

3. 标题的重要性与吸引力设计

在新媒体内容中，标题决定了文章的第一印象。一个吸引人的标题能够迅速抓住读者的注意力，提升点击率。因此，标题的设计必须精简有力，并能够概括文章的核心内容。好的标题不仅能引发读者的好奇心，还要能够直接反映出内容的价值。此外，在设计标题时，还可以通过在标题中融入关键词提升文章的 SEO表现，增加搜索引擎中的可见度。

具体技巧：标题长度控制在8-12个字之间，避免过长或过短；使用引发情感共鸣或提供解决方案的词语，如“如何”“最简单的方法”“成功的秘诀”等；在标题中融入关键字词，帮助文章在搜索引擎中获得更高的排名；避免使用过于夸张或与内容不符的标题，这样可能导致用户流失。

举例：例如，一篇针对“工作效率提升”的文章，标题可以设置为“提高工作效率的5个简单技巧，立即见效”。这个标题直接告诉读者文章提供了实用的方案，同时通过“立即见效”激发读者的兴趣。如果是一个过于笼统的标题，如“关于工作效率的建议”，则可能无法有效吸引读者，因为它缺乏吸引力和实用性的信息点。

4. 引导段落与内容设置

引导段落在文字内容中的作用类似于桥梁，它连接了标题与正文内容。一个有效的引导段能够迅速帮助读者理解文章的核心主旨，并激发他们继续阅读的兴趣。通常在引导段落中，创作者需要简洁明了地提出问题、概括内容主旨，并点出读者可能关心的重点，确保受众能够在最短时间内知道文章将为他们解决哪些问题。

具体技巧：在引导段中提炼文章的核心信息，突出文章的目的；针对目标受众，提出与他们相关的关键问题，激发兴趣；引导段不应过长，建议控制在 3-4句话，直接切入主题。

举例：例如，在一篇关于“健康生活习惯”的文章中，创作者可以在引导段落这样写：“你是否觉得每天疲惫不堪，健康状况不如从前？本文将为你提供5个实用的建议，帮助你养成更健康的生活习惯。”通过直接提出问题并概述文章的内容，创作者引导读者继续深入了解，并预告文章将为他们提供具体的解决方案。

5. 文风与语气的选择

内容的语气和风格不仅影响到文章的可读性，还直接决定了受众的接受程度。在新媒体内容创作中，选择恰当的文风至关重要。对于资讯类文章，语气应保持客观与中立，避免主观情绪过多影响信息的公正性。而在娱乐类或互动类内容中，轻松、有趣的语气可以增强与受众的互动感，使文章更具吸引力。在保持专业性的同时，创作者还应当灵活调整文字的语调和风格，以符合不同平台的调性。

具体技巧：资讯类内容保持严谨和中立，不带有明显的主观色彩；娱乐或社交平台内容可以适当使用幽默、互动的语气，拉近与读者的距离；结合语气标记如感叹号、问号等，增强情感的传递，但需注意适度。

举例：例如，一篇有关“家庭理财建议”的文章，采用中立、专业的语气表达：“在制定家庭理财计划时，建议优先考虑短期应急基金的积累，随后再投入高风险投资。”而在娱乐类内容中，比如一篇关于“周末娱乐活动”的文章，语气则可以更加轻松：“周末不知道做什么？这里有几个既省钱又好玩的周末活动推荐，保证让你和朋友们玩得开心！”

6. 文字内容与SEO优化

在新媒体创作中，提升文章的搜索引擎排名至关重要。通过关键词优化和SEO策略，创作者能够增加文章在搜索结果中的可见度。关键词的选择应基于文章的主题与受众需求，同时自然融入正文中。文章中合理安排关键词，不仅能够提高搜索引擎抓取的频率，还可以确保文章在不影响阅读体验的情况下优化传播效果。

具体技巧：在标题、副标题和正文中自然地融入核心关键词，避免过度堆砌；使用相关关键词的变体和同义词，增加文章的搜索匹配度；利用内链和外链优化文章的搜索权重，提升整体SEO表现。

举例：例如，在撰写一篇关于“室内装饰技巧”的文章时，可以在标题和正文中合理融入关键词，如“简约装饰”“小户型装饰方案”“提升空间感的技巧”等。并且，在正文中可以添加相关的内部链接，指向其他装饰风格的文章，如“如何设计北欧风格的客厅”，通过这些策略，提升文章的搜索排名并增加网站的流量。

（二）图片内容创作

在新媒体传播中，图片内容创作是提升信息传递效果、吸引受众注意力的关键要素之一。相比文字，图片具有更加直观、视觉冲击力强的特点，能够迅速引发受众的兴趣，并强化内容的传播效果。图片内容的创作不仅涉及图片的选择与设计，还包括如何通过图片传递特定的情感或信息，使其与整体内容紧密结合。以下部分将探讨图片内容创作中的几大关键技巧，并通过详细举例，展示正确与错误的创作对比，确保图片与文字内容的完美结合。

1. 图片的选择与内容匹配

在图片内容创作中，首要的原则是确保图片与文字内容的主题相匹配。图片不仅仅是为了吸引眼球，它还应与文章内容形成相辅相成的关系，使得图片能够直接或间接地强化文章的主旨。如果图片与文章的主题脱节，不仅无法帮助读者更好地理解内容，反而会引起受众的困惑。因此，创作者在选择图片时，必须严格遵循内容主题的要求，使图片成为文字内容的有力补充，而不是无关或冲突的视觉元素。

具体技巧：

主题明确：确保图片与文章主题的关键词一致。例如，如果文章讨论的是环保，图片应展示自然风光或相关主题，而非无关的日常生活场景。

内容情感匹配：图片的色彩、构图和情感必须符合文字传递的情感氛围，如表达悲伤的内容应避免使用色彩鲜艳的图片。

图片与信息的互补性：图片应当作为文字的补充，而不是重复。例如，如果文章详细描述了某个产品功能，图片可以展示其使用场景而非功能本身。

举例：

正确做法：在一篇讨论健康饮食的文章中，创作者使用了一张精心拍摄的水果图片。这张图片不仅展示了健康的食材，还直接呼应了文章的主题，使受众能够迅速感受到文章所强调的健康饮食理念。（如图3.1）

图 3.1

错误做法：如果在同一篇文章中使用了一张汉堡或高糖饮料的图片，虽然这类图片视觉冲击力强，但与健康饮食的主题明显不符，会让受众感到困惑甚至反感。（如图3.2）

图 3.2

2.视觉元素的构图与美感

图片的构图是视觉表现的基础，合理的构图能够突出图片的主体，并使整个画面具有和谐美感。构图不仅仅是将元素按一定比例放置在画面中，还涉及如何引导观众的视线、传递信息的主次层次。通过合理的构图，创作者可以提升图片的视觉冲击力，并将观众的注意力集中在最重要的部分。如果构图混乱或无序，图片中的主体可能淹没在背景中，导致信息传递的失效。

方法与技巧：

在进行构图时，创作者可以运用以下技巧提升图片的美感与视觉效果：

三分法则：将图片画面分为九等份，将重要的视觉元素放置在交叉点上。这种构图技巧可以引导视线，更加突出主体。

留白：适度的留白可以让画面看起来更加简洁，避免图片过于拥挤，突出主体。

对比与层次感：通过颜色、光影或元素大小的对比，增加图片的层次感，增强视觉吸引力。

举例：

正确做法：在一篇产品展示文章中，创作者选择了一张使用三分法构图的产品图片，产品主体放置在画面左侧，背景模糊且简单，凸显了产品的细节和质感。这种构图让产品成为视觉焦点，吸引了读者的注意力。（如图3.3）

图 3.3

错误做法： 相反，如果产品图片使用了居中构图，且背景杂乱无章，产品与背景混淆不清，受众难以聚焦到产品本身，影响了图片的传播效果。（如图3.4）

图 3.4

3. 色彩搭配与情感传递

色彩的选择直接影响图片传递的情感和信息。色彩的搭配应符合内容的基调，增强情感传递的效果。暖色调通常传达积极、热情的情绪，而冷色调则容易带来平静、理性的感受。创作者在选择图片时，应该根据文章的主题选择适当的色彩组合，使图片不仅具备视觉吸引力，还能够传递出文章所需的情感共鸣。错误的色彩搭配则可能会与文章的基调相冲突，削弱信息的传递效果。

方法与技巧：

在色彩运用上，以下技巧有助于增强图片的情感表达：

色彩心理学：选择符合情感目标的色彩。红色传递能量、紧迫感，蓝色则带来平静与信任感。

对比色与调和色：对比色（如蓝与橙）可以制造视觉冲击，调和色（如浅蓝与浅绿）则有助于传递宁静的感觉。

渐变与单色系：通过渐变的颜色过渡或单一色系，图片可以更加和谐或富有层次感，适合不同的情感表达。

举例：

正确做法： 在一篇关于“心理放松”的文章中，创作者选用了柔和的蓝绿色调图片，这些颜色具有安抚情绪的效果，能够帮助读者放松身心，与文章的主题契合。（如图3.5）

图 3.5

错误做法： 如果在同一篇文章中使用了强烈的红色或对比度极高的图片，虽然这些色彩本身有视觉冲击力，但却会让读者感到紧张，与文章的“放松”主题背道而驰。（如图 3.6）

图 3.6

4.图片的分辨率与质量要求

在数字平台上，图片的分辨率直接影响到内容的呈现效果和专业性。高分辨率图片能够显示出更多细节，增强内容的可信度和视觉冲击力，而模糊的图片则会降低受众的阅读体验，并给人一种不专业的印象。因此，确保图片的清晰度以及适配不同设备和屏幕的分辨率要求，是图片内容创作中的关键环节。无论是手机还是电脑端展示，图片都应保持足够的分辨率，避免模糊或像素化的情况。

方法与技巧：

为了确保图片的分辨率和质量，创作者可以采用以下方法：

高清图片的选择：尽量选择分辨率在1920x1080以上的高清图片，确保其在各种设备上都能清晰呈现。

图片格式的选择：根据使用平台选择合适的格式，JPEG适合展示丰富色彩的图片，而 PNG则更适合有透明背景的图片。

压缩与优化：通过图像压缩工具（如TinyPNG或JPEG-Optimizer）在不损失质量的前提下减少文件大小，加快网页加载速度。

举例：

正确做法： 在一篇旅游攻略文章中，创作者选用了高清的自然风光图片，细腻的画面展现了山川、河流的每一个细节，这让读者能够更清楚地感受目的地的美丽风光。（如图3.7）

图 3.7

错误做法： 如果使用了一张低分辨率、模糊的图片，不仅细节无法清晰呈现，甚至会让内容显得粗糙，影响读者的整体体验。（如图3.8）

图 3.8

（三）音频内容创作

在新媒体的内容创作中，音频作为一种重要的媒体形式，因其高效、灵活的传播特点，受到广泛的关注。随着播客、音频直播和音频内容消费的普及，如何有效地创作出吸引受众的音频内容成为新媒体创作者需要重点掌握的技巧。音频创作不仅涉及声音的录制与剪辑，还包括如何通过声音表达信息、情感和故事。

1.音频内容的目标与定位

音频内容创作的首要步骤是明确内容的目标和定位。无论是面向大众的娱乐类节目，还是专业的知识分享音频，创作者必须首先确定目标受众是谁，并根据受众的需求和兴趣调整音频内容的风格与调性。只有了解受众的特点，才能创作出符合他们需求的高质量音频内容。

方法与技巧：

受众画像：在开始创作之前，创作者应通过数据分析或用户调研，构建受众的画像，了解他们的兴趣点、年龄层和消费习惯。

风格调整：音频的语调、内容深度和表现形式应根据受众进行调整。年轻受众可能更喜欢轻松幽默的语气，而专业受众则可能倾向于理性、结构严谨的表达。

举例：

正确做法：在一档面向大学生的播客节目中，创作者使用了幽默、轻松的语气，内容侧重于分享学习技巧与校园生活，通过与听众的对话增强互动感。这样的定位贴合了大学生群体的需求，帮助节目获得了较高的播放量。

错误做法：如果同样的内容使用过于严肃的语调，并且讨论的都是专业领域的深度话题，那么受众可能会感到内容过于枯燥，无法产生兴趣。

2. 音频的录制与音质控制

音频录制的质量直接影响到内容的传播效果。即便内容再精彩，如果音质不好，听众很可能会在听不清或被噪音干扰时失去兴趣。因此，确保录制环境安静，使用高质量的录音设备是音频创作的重要基础。此外，音频剪辑与后期制作也是提升内容品质的关键步骤，可以通过去除噪音、平衡音量、加入背景音效等手段来优化听觉体验。

方法与技巧：

录音设备选择：选择高品质的麦克风和录音设备，确保声音清晰、层次分明。USB麦克风或XLR麦克风通常是播客和音频创作的首选。

环境噪音控制：尽量在安静、封闭的环境中进行录音，避免外部噪音干扰。如果无法避免，使用降噪软件在后期处理时优化音质。

音频编辑软件：使用专业的音频编辑软件（如Audacity或Adobe Audition）进行剪辑，调整音量，添加音效，使音频更加饱满和有吸引力。

举例：

正确做法：在录制播客时，创作者使用了专业的录音室和高质量的麦克风，录制出的音频清晰、无噪声，后期通过音频剪辑软件剪掉了停顿与口头语，使得整个音频流畅、自然。

错误做法：如果在开放式的环境中使用低质量的麦克风录音，音频中充满了背景噪音和回音，听众可能会因此难以集中注意力，甚至提前停止播放。

3. 声音情感的表达与内容设计

音频内容的独特之处在于它通过声音传递情感和信息。与视觉媒体相比，音频必须依赖语气、语速、停顿等声音元素来表达内容的深度。因此，创作者在录制时需要特别注意声音的情感表达，使得内容更加生动有趣，能够引起听众的共鸣。此外，音频的内容设计也非常重要，包括每一集的结构安排、信息的递进和节奏的控制，都会直接影响听众的收听体验。

方法与技巧：

语气与情感表达：通过语调变化来表达不同情感，例如在讲述故事时，适当放慢语速，营造氛围；在讨论热烈的话题时，提升语调与语速，增加情感张力。

内容结构设计：在每一集音频中，提前安排好内容的起承转合，确保内容有逻辑递进，避免信息杂乱无章。

互动性增强：通过提问、反问或与听众互动的方式，保持听众的参与感，增强节目的趣味性。

举例：

正确做法：在一档情感类播客中，创作者通过柔和的语调、缓慢的语速讲述了一个动人的故事，成功地让听众感受到情感的细腻。节目中还穿插了与听众的互动环节，提升了节目的参与感。

错误做法：如果内容设计缺乏层次感，情感表达单一，全程都用同样的语调讲述故事，听众可能会感到乏味，难以产生情感共鸣。

4. 背景音效与音频氛围的营造

在音频创作中，背景音效的合理运用可以极大地提升听众的沉浸感和内容的感染力。通过合适的背景音乐或音效，创作者能够为听众营造出特定的氛围，增强内容的表现力。然而，背景音效的使用也需要适度，过多的音效或不合适的音乐可能会干扰内容的核心表达。

方法与技巧：

背景音乐的选择：根据内容的情感和氛围选择适合的背景音乐，新闻类内容可以选择轻快、简洁的背景音乐，而故事类节目则适合柔和的旋律。

音效的合理应用：在叙述过程中，适时加入与情节相关的音效（如自然界的声音、脚步声等），可以增强情感表达，但要避免过度使用，影响主内容的表达。

音效与音乐的音量控制：确保背景音乐的音量不会超过人声，避免听众因背景音干扰而无法清晰听到内容。

举例：

正确做法：在一档讲述自然探险故事的音频节目中，创作者在描述森林探险时加入了鸟叫声和风声，使得听众仿佛身临其境，感受到大自然的氛围。

错误做法：如果同一段内容中，背景音乐音量过大，覆盖了主持人的讲话声音，听众将难以集中精力在核心内容上，降低了节目质量。

5.音频内容的发布与推广

音频内容创作完成后，如何将其高效地发布并推广给受众，也是创作者需要重点考虑的环节。在现代数字媒体环境中，仅仅依靠发布是不够的，创作者还需要通过社交媒体、音频平台以及互动活动来提升内容的曝光度，吸引更多听众。

方法与技巧：

选择合适的发布平台：根据受众的习惯选择合适的音频发布平台，如Apple Podcasts、Spotify或国内的喜马拉雅等平台。

社交媒体推广：通过社交媒体与听众互动，发布预告、幕后花絮或精华片段，增加节目的曝光率。

互动与反馈机制：在音频发布后，鼓励听众留言、评分并参与互动，可以通过听众的反馈进一步优化内容，提高节目质量。

举例：

正确做法： 在发布一档新的音频节目时，创作者不仅在主要音频平台上线，还通过社交媒体发布了节目的精华片段，并定期与听众互动，通过用户反馈不断优化节目。

错误做法： 如果音频内容发布后没有进行任何推广或互动，节目很可能淹没在大量的音频内容中，无法吸引新的听众。

（四）视频内容创作

在新媒体传播中，视频已成为内容创作的重要形式之一。视频的动态表现力和多媒体整合能力能够有效提升内容的传播效果，同时为用户带来更具吸引力的体验。随着短视频平台的崛起，视频内容创作在多媒体内容中占据着举足轻重的地位。为了创作出高质量且具备传播力的视频，创作者需要从内容策划、拍摄技巧、编辑剪辑等多个方面进行深入的掌握。

1. 视频内容的策划与脚本编写

成功的视频创作首先从精心策划开始。创作者需要明确视频的目标受众与内容主题，根据受众的需求来设计视频的内容框架和节奏。在视频脚本编写时，创作者应以受众的兴趣点为中心，将关键信息以视觉化的方式表达出来，保证内容简明扼要。

方法与技巧：

目标设定：为视频设定明确的目标，例如，宣传、娱乐、教育还是信息传递，确保视频能够满足观众的需求。

脚本结构：编写视频脚本时，需要确保逻辑清晰，内容层次分明，开头引人入胜，结尾有力收尾。每个片段要有清晰的表达意图。

视觉化表达：脚本编写时应考虑视觉元素的呈现方式，选择能够增强内容表现的视觉手段，如图片、图表、动画等。

举例：

正确做法：在创作一则科普短视频时，创作者通过精心设计脚本，将复杂的科学知识以简洁的语言和可视化的动画形式展现出来，确保受众能够轻松理解和消化内容。

错误做法：如果脚本编写过于复杂，缺乏视觉化表达的设计，仅依赖长篇对话或复杂的理论说明，观众可能会失去兴趣，影响视频的传播效果。

2. 拍摄技巧与镜头语言

视频拍摄的技巧直接影响视频内容的视觉表现力。掌握镜头语言与拍摄技巧，能够让视频更具美感和故事性，从而吸引观众的注意力。拍摄时需要合理运用不同类型的镜头，如远景、中景、特写等，并通过角度、光线和色彩的设计，增强画面的冲击力和艺术感。

方法与技巧：

镜头语言：不同的镜头类型可以传递不同的信息。远景展示整体环境，中景突出人物和场景的互动，特写则用于捕捉人物情感或关键细节。

拍摄角度：高角度镜头可以营造俯视感，传递压迫感或权威感，而低角度镜头则能够增强画面的力量感和庄重感。

光线运用：拍摄时要善于运用自然光或人工光源来塑造画面的层次感，避免过度曝光或画面阴暗。

举例：

正确做法：在拍摄一段城市风景视频时，创作者通过远景展示城市全貌，中景拍摄街道和行人，特写捕捉街头艺人的表演，镜头切换流畅，使观众能够全方位体验城市的氛围。

错误做法：如果视频中一直采用同样的镜头角度，缺乏变化，画面显得单调枯燥，观众很容易失去兴趣，导致视频效果大打折扣。

3. 剪辑与后期处理

剪辑是视频创作中的核心环节。通过有效的剪辑，创作者可以将原始素材有机结合在一起，形成连贯的叙事或视觉呈现。后期处理则包括调整色调、添加音效、加入字幕和特效等，提升视频的整体质量。在剪辑过程中，创作者应注重画面与音乐、节奏的结合，确保视频的流畅度与观赏性。

方法与技巧：

剪辑节奏控制：通过不同的剪辑速度来控制视频的节奏。例如，紧张的场景可以通过快速剪辑来加快节奏，而轻松的场景可以使用较慢的剪辑。

音效与配乐：音效和背景音乐是增强视频氛围的关键。选择合适的背景音乐和音效，可以为视频增色不少，提升观众的情感体验。

特效与转场：适度使用特效与转场效果，可以让视频更具视觉冲击力，但应避免过度使用，以免喧宾夺主，影响观众对内容的关注。

举例：

正确做法：在制作一段运动比赛集锦时，创作者通过快速的剪辑节奏，搭配强烈的背景音乐，凸显了比赛的激烈与紧张感，观众很容易被这种节奏感染。

错误做法：如果剪辑中没有控制好节奏，视频的节奏过于拖沓，观众可能会感到无聊，失去观看兴趣。此外，使用过多的转场特效也会让视频显得繁杂，分散观众的注意力。

4. 视频封面与标题设计

视频封面和标题是观众点击视频的第一印象。一个精美的封面和吸引人的标题可以极大提升视频的点击率。因此，视频创作者需要花心思在封面图的设计和标题的撰写上，使其能够在众多视频中脱颖而出。封面图片应突出视频的主题，简洁明了，色彩对比鲜明；而标题则需要引发观众的好奇心或情感共鸣，鼓励他们点击观看。

方法与技巧：

封面图片设计：封面图片应抓住视频的核心内容，尽量简洁明了，同时加入适当的文字说明，帮助观众快速理解视频的主题。

标题撰写：标题应包含关键词，并能引发观众的兴趣。适当使用提问式、悬念式标题，能够有效提升视频的点击率。

色彩与文字排版：封面图的色彩应鲜明、具冲击力，文字排版简洁，避免使用过多的字体和颜色。

举例：

正确做法： 一段关于旅游攻略的视频封面展示了壮丽的山川风光，封面标题为“10个你绝不能错过的旅行胜地”，引发观众的好奇与兴趣。

错误做法：如果封面设计杂乱、信息过多，或者标题不明确，如“我的旅行故事”，观众很难从中获得有用的信息，导致点击率较低。

三、内容传播渠道的选择与利用

内容传播渠道的选择和有效利用是内容能否成功触达受众的关键。在新媒体环境中，传播渠道多样化的发展为内容创作者提供了广阔的传播平台，但也增加了传播策略制定的复杂性。为了确保内容能够覆盖目标受众，创作者不仅需要了解不同传播渠道的特性，还要根据内容特质和受众需求，灵活选择适合的传播路径。科学合理地利用传播渠道，能够最大化内容的影响力，提升传播效果，并确保内容的广泛覆盖。

（一）内容传播渠道的类型

在新媒体环境下，内容传播渠道的多样性为创作者提供了广泛的选择。不同的传播渠道在信息传递的速度、覆盖面以及与受众的互动性方面具有各自的优势。选择合适的传播渠道对于内容的精准传递和广泛扩散至关重要，传播渠道可以大致分为以下几类：社交媒体平台、内容发布平台、专业社区平台、搜索引擎以及即时通信工具。每种渠道在功能和特点上各有侧重，创作者应根据内容特性、受众需求以及传播目标合理选择。

1. 社交媒体平台

社交媒体平台是当前最为流行的内容传播渠道之一。这些平台具有高互动性、传播速度快、受众广泛的特点，使得内容能够在短时间内被大量用户浏览、分享和评论。社交媒体平台不仅能实现信息的快速传播，还能通过互动机制增强用户的参与感，提升内容的影响力。通过社交媒体平台，内容创作者可以快速获取反馈，实时调整内容策略，以更好地满足受众的需求。社交媒体平台的特性使其适合传播短小精悍、视觉效果突出、易于传播的内容。短视频、图文并茂的文章、话题讨论等形式均可在社交平台上迅速引起关注。然而，由于平台的碎片化特点，内容的生命周期较短，创作者需要保持持续的更新和互动，才能维持较高的用户黏性。

2. 内容发布平台

内容发布平台是为长时间积累内容和受众提供支持的传播渠道。这类平台通常支持较为深度的内容创作，如文章、图文混排的长文或专题性内容。与社交媒体平台相比，内容发布平台的受众通常更注重内容的专业性和深度，因此适合发布结构严谨、信息丰富的内容。平台提供了较为稳定的传播环境，用户可以通过订阅、收藏等方式定期获取创作者发布的最新内容。在这些平台上，内容的长尾效应尤为明显，发布的内容即便在很长时间后仍能通过关键词搜索等方式被发现和阅读。因此，创作者需要注重内容的可持续性、专业性以及符合平台特性的呈现方式。同时，合理运用关键词和标签，有助于提升内容在平台内的可见性和传播效果。

3. 专业社区平台

专业社区平台聚集了某一领域的专家和爱好者，受众集中且对内容的专业性要求较高。在这些平台上发布内容，创作者需要提供具备深度分析和专业见解的内容，以获得受众的认可。专业社区平台的优势在于精准性，创作者可以在特定领域内建立个人品牌和影响力，同时与其他专业人士进行互动，获取有价值的反馈。专业社区的传播效果通常依赖于创作者的个人影响力和内容的专业性。通过长期在社区中发布高质量内容，创作者能够逐步积累人气并形成良好的口碑。这类平台虽然不像社交媒体平台那样注重广泛的传播效应，但在细分领域内的影响力却不可忽视。

4.搜索引擎

搜索引擎作为一种被动传播渠道，通过用户的主动搜索实现内容的精准传递。创作者通过对内容进行搜索引擎优化（SEO），能够使内容在用户搜索特定关键词时更容易被发现。搜索引擎对内容质量、相关性、原创性等方面有严格的评估机制，因此创作者在内容创作时，需特别注重内容的深度与关键词的合理布局。通过优化内容的标题、描述和正文中的关键词使用，可以提升内容在搜索引擎结果中的排名，扩大传播范围。搜索引擎的作用在于帮助用户主动寻找信息，因此这一渠道非常适合具有长期价值和参考性的内容。

5.即时通讯工具

即时通信工具除了个人沟通外，还逐渐成为重要的内容传播渠道之一。通过群聊、朋友圈或私信等功能，内容可以被迅速传播至特定的用户群体。即时通信工具的传播特点是即时性和私密性，用户可以直接通过信息推送方式将内容传递给目标受众，并获得及时反馈。这种模式的优点在于传播的精准性，适合小范围内的内容传递和社群营销。通过即时通信工具，创作者可以直接与受众建立紧密联系，增强互动性，提升受众的参与感。同时，基于社群管理的传播方式可以进一步强化用户对内容的关注，形成用户间的口碑传播。然而，相较于公开的平台传播，即时通信工具的传播范围有限，更多适用于与受众建立深度联系或开展私密性较强的内容推广。

（二）不同渠道的传播策略

在新媒体时代，内容的传播渠道多种多样，每一种渠道都有其独特的特性和传播机制。为了让内容在不同的传播渠道中发挥最大的效用，创作者需要根据各平台的特性制定相应的传播策略。无论是社交媒体、内容发布平台、专业社区、搜索引擎还是即时通信工具，均有不同的策略来确保内容能够精准触达目标受众，并在不同渠道中获得广泛传播。以下将详细探讨如何在这些渠道中有效制定传播策略。

1.社交媒体传播策略

社交媒体的互动性强、传播速度快，且用户黏性高，因此在社交媒体渠道中的传播策略应重点突出内容的互动性和吸引力。社交媒体平台的算法往往偏好用户互动频率高的内容，创作者在制定策略时应注重引导用户的参与，提升内容的曝光度。

方法与技巧：

内容多样化：社交媒体平台上，用户的注意力容易被快速转移，因此创作者需要发布短小精悍、形式多样的内容，例如短视频、动图、图文并茂的帖子等，保持新鲜感，吸引用户持续关注。

实时互动：通过评论、点赞、转发等互动方式，与用户形成双向交流，增强用户的参与感和黏性。定期回复评论、开展线上互动活动，能够有效激活粉丝群体。

热点话题结合：结合时事热点进行内容策划，利用平台的热搜榜或热点标签，确保内容能够获得更广泛的传播机会。

2. 内容发布平台传播策略

在内容发布平台上，创作者需要注重内容的深度和专业性。与社交媒体平台相比，内容发布平台更适合发布长篇、结构化的内容，因此创作者在制定传播策略时应侧重内容的质量和持续性。内容的专业性和权威性决定了其在平台中的传播效果。

方法与技巧：

内容持续输出：在内容发布平台，定期发布高质量的内容能够吸引平台内的核心用户群体，并逐步形成忠实的受众群。建立连载性栏目或专栏，可以增强用户的持续关注度。

关键词优化：由于内容发布平台依赖于搜索引擎和平台推荐机制，创作者应在内容标题、段落和标签中合理设置关键词，提升内容的搜索排名，确保更多的用户能够发现和阅读。

长尾效应利用：内容发布平台的长尾效应使得优质内容可以长期得到关注，创作者应根据用户的搜索习惯和需求，发布具有长期价值的内容，从而保证内容的持续传播力。

3. 专业社区传播策略

专业社区平台的受众群体集中且具有较高的专业水平，因此在此类平台上，内容的传播策略应注重精准性和内容的专业度。通过与社区内的受众建立深度联系，创作者能够在特定领域中树立个人品牌，获得受众的信赖和认可。

方法与技巧：

内容精准定位：在发布内容前，创作者应根据社区的特点和用户需求，发布符合该平台用户兴趣和需求的内容。社区用户通常关注的是特定领域的专业话题，发布内容时要确保符合受众的预期。

参与社区讨论：除了发布内容，创作者应主动参与社区中的讨论，回答问题或发表见解。通过这种方式，不仅可以提升个人的曝光率，还能够让受众更加认可创作者的专业能力。

深度内容输出：由于社区用户对内容质量要求较高，创作者应注重内容的深度和专业性。发布有洞见的分析文章、研究报告或案例分析能够吸引专业受众的关注，并增加内容的权威性。

4.搜索引擎传播策略

搜索引擎是用户主动搜索信息的重要工具，因此搜索引擎的传播策略主要集中在搜索引擎优化（SEO）上。通过优化内容的搜索表现，创作者能够确保内容在用户搜索相关主题时更容易被发现。

方法与技巧：

SEO优化：内容标题、段落以及标签中的关键词设置至关重要。创作者应根据用户搜索习惯合理设置关键词，同时确保内容的流畅性和可读性，避免过度堆砌关键词。

外链建设：通过为内容添加外部链接（外链），可以增强内容的权威性并提高搜索引擎的排名。创作者可以在其他相关平台或社区中分享内容链接，提升外链数量和质量。

持续更新：搜索引擎更倾向于推荐最新和及时更新的内容，因此，创作者需要定期更新和优化已有内容，确保内容能够保持在较高的搜索排名。

5.即时通讯工具传播策略

即时通信工具作为新兴的传播渠道，因其高效的即时性和强大的社群管理功能，逐渐成为内容传播的重要工具之一。在即时通信工具中，传播策略应侧重于建立受众的参与感和互动性，通过私密性较强的渠道实现内容的精准传播。

方法与技巧

建立社群：通过创建社群或小组，创作者可以将特定兴趣的用户集中在一起，方便传播内容并进行讨论。这种方式有助于增强用户的黏性和忠诚度。

私密内容推送：创作者可以通过一对一或小范围的私密信息推送，将内容精准传递给目标受众，确保内容的传播效果。同时，受众也能通过直接回复的方式与创作者互动，形成高效的反馈机制。

互动活动与激励机制：通过在群组中组织内容相关的互动活动或设置激励机制，能够提升用户的活跃度，带动内容的自然传播。

（三）渠道整合与跨平台传播

在新媒体传播的背景下，单一的传播渠道已经无法满足内容创作者的需求。为了扩大影响力、提升内容的覆盖范围，渠道整合与跨平台传播成为现代传播策略的重要组成部分。通过整合不同类型的传播渠道，内容创作者可以充分利用每个平台的独特优势，实现内容在多个平台上的最大化曝光。跨平台传播不仅能够提升内容的可见性，还能增强品牌认知度和用户黏性。

1. 渠道整合的必要性

渠道整合指的是将多种传播渠道结合起来，形成统一的传播策略，以提升内容的传播效果。在当今信息爆炸的时代，用户获取信息的途径多样化，社交媒体、内容发布平台、专业社区、搜索引擎等各类渠道各具优势。单一渠道无法完全覆盖目标受众，因此整合多种渠道成为传播过程中不可忽视的策略。通过整合不同渠道，创作者可以在各平台上与不同群体的用户建立联系。每个平台的用户习惯和行为模式不同，整合渠道能够让内容在多个平台同时展现，增加内容的触达面。此外，渠道整合有助于统一传播的步调，使得品牌形象和内容风格在不同平台上保持一致性，避免信息混乱或重复，提升内容的传播效率。

2. 跨平台传播的策略设计

跨平台传播要求创作者根据各平台的特性和用户需求，设计灵活的传播策略。每个平台的用户特点和内容呈现形式各不相同，创作者应根据这些特性对内容进行适配和调整。制定跨平台传播策略时，需要从以下几个方面进行考虑：

（1）内容形式的适配性

各平台对内容形式的要求有所不同，例如短视频、长文、图文混排、音频等，因此创作者应根据平台特性调整内容形式。例如，社交媒体平台上更适合发布短小、视觉冲击力强的内容，而内容发布平台则适合长篇深度内容。在跨平台传播中，灵活调整内容形式可以增加用户的参与度。

（2）发布时间与推送频率

不同平台的用户活跃时间不尽相同，因此创作者应根据各平台的用户行为习惯，合理安排内容的发布时段和推送频率。社交媒体平台上的内容更新节奏较快，用户的关注点容易转移，因此需要较为频繁的推送；而内容发布平台则更适合定期更新，确保内容的持续曝光。

（3）平台资源的协同效应

在进行跨平台传播时，创作者应充分利用各平台的资源和功能，如社交媒体的互动机制、内容发布平台的长尾效应、搜索引擎的SEO优化等，形成不同平台之间的协同效应。通过在多个平台同时发布内容，并适时引导用户在不同平台间进行互动和跳转，可以增强用户对内容的深度参与。

2. 不同平台的传播协同

跨平台传播的关键在于如何让不同平台之间形成有效的协同效应。创作者应根据平台的特性，设计跨平台传播的路径和机制，使用户能够在多个平台上持续关注内容，实现无缝的传播体验。为了达到这一目的，可以从以下几方面入手：

（1）内容主题的一致性与多样性

在跨平台传播过程中，创作者应确保内容主题在不同平台上保持一致，以增强用户的品牌认知。同时，不同平台上的内容形式和呈现方式可以有所变化，使内容在不同平台上展现出多样性，从而保持新鲜感和吸引力。

（2）用户体验的连贯性

在多个平台上进行内容传播时，创作者应注重用户体验的连贯性。通过在不同平台上设定相互链接或跳转路径，用户可以轻松从一个平台切换到另一个平台，保持对内容的持续关注。确保各平台的操作和界面简洁一致，能够提升用户的使用体验，减少跳出率。

（3）多平台互动的加强

不同平台的互动机制有所差异，创作者可以通过引导用户在不同平台上进行多维度的互动。例如，可以在社交媒体上发布短视频引发话题讨论，吸引用户到内容发布平台阅读更深入的内容，或通过搜索引擎优化，确保用户能够通过主动搜索找到相关内容，形成良好的互动循环。

3. 数据分析与反馈机制

跨平台传播中的数据分析与反馈机制至关重要。通过收集各平台的数据，创作者可以了解到不同平台的受众反馈、内容传播效果以及用户行为偏好，从而进一步优化传播策略。数据分析不仅能够帮助创作者评估内容的传播效果，还能为后续的传播计划提供参考依据。

（1）分析指标的多维度性

跨平台传播的数据分析应包含多个维度的指标，如点击率、转发率、用户互动率、留存率等。通过对这些数据的分析，创作者可以清楚地了解到各个平台的传播效果，调整内容发布策略，最大化传播效果。

（2）反馈机制的优化

数据分析还应结合用户的反馈，通过用户评论、私信、投票等多种形式的反馈机制，创作者可以及时掌握受众的需求和偏好，进一步优化内容的呈现方式和传播路径。

4.跨平台传播中的挑战与应对

尽管跨平台传播可以带来巨大的传播效益，但同时也面临着一系列的挑战。不同平台的用户需求、技术规范和传播机制各不相同，创作者在整合这些平台时可能会遇到技术整合、内容适配和时间管理等难题。因此，合理的规划和持续优化是跨平台传播成功的关键。

（1）内容一致性与差异化平衡

在跨平台传播过程中，创作者需要在保证品牌形象一致性的前提下，合理调整内容的表现形式，以适应不同平台的需求。这种差异化的处理要求创作者在内容规划阶段进行深入的思考和设计，确保内容既能符合平台规则，又能保持整体的品牌风格。

（2）时间与资源管理

跨平台传播需要消耗大量的时间和资源，尤其是在不同平台上发布内容时，创作者需要合理分配精力，确保内容在各平台上都能得到及时更新。通过建立高效的工作流程和使用数字工具进行时间管理，创作者可以减少因传播计划繁杂带来的时间压力。

四、内容传播效果评估与优化

在内容传播的过程中，评估传播效果是一个重要的环节。通过具体的评估指标，创作者可以清晰了解内容的受众反应，判断传播的成功与否，并根据评估结果进行调整和优化。数据分析在这个过程中起到至关重要的作用，它为创作者提供了精准的反馈，帮助优化内容创作和传播策略。只有不断评估和优化内容传播的效果，才能在新媒体环境中保持长久的竞争力，确保内容持续获得用户的认可和关注。

（一）内容传播效果的评估指标

在新媒体环境中，内容传播的成功与否，不仅取决于创作者发布的内容本身，还需要通过一系列指标来评估传播效果。通过对这些指标的分析，创作者可以更清楚地了解内容的实际影响力、用户反馈情况以及未来优化的方向。传播效果的评估不仅有助于提升内容质量，还能优化传播策略，从而达到更好的传播效果。以下将探讨几种常见的评估指标及其应用。

1. 点击率（Click-Through Rate，CTR）

点击率是衡量内容传播效果的基本指标之一，通常用于评估受众对内容的兴趣程度。点击率反映了用户在看到某个内容或链接后选择点击的比例，较高的点击率意味着内容对用户有较强的吸引力。在新媒体平台上，点击率常常用于广告、推文或页面的分析，帮助创作者评估内容在吸引用户方面的表现。

点击率的计算公式为：

点击率 =（点击次数 / 展示次数）×100%

创作者在评估点击率时，需注意平台、内容类型、目标用户等因素，避免片面理解点击率。不同平台和内容的点击率可能差异较大，因此应结合具体情境来进行分析。通过对比点击率的变化，创作者可以判断标题、封面设计、推送时段等方面是否需要优化。

2. 转化率（Conversion Rate）

转化率是衡量内容传播效果的进一步指标，主要用于评估用户是否执行了创作者设定的特定行为，如购买产品、注册账号、下载应用等。转化率直接反映了内容的效果和价值，因为它不仅衡量用户点击了内容，还衡量了用户是否达到了传播的最终目的。

转化率的计算公式为：

转化率=（转化次数/总点击次数）×100%

在新媒体传播中，创作者往往通过设定明确的目标，如让用户完成某种操作，来提升转化率。通过分析转化率，创作者可以优化内容的设计和用户体验，确保内容在吸引用户点击的同时，能够促使他们进一步参与或购买。

3.停留时间（Average Time on Page）

停留时间是评估内容质量和用户黏性的重要指标，主要衡量用户在某一页面或内容上所花费的平均时间。较长的停留时间通常表明用户对内容感兴趣，并且愿意花时间深入阅读或观看内容。相反，如果停留时间较短，可能意味着内容未能成功吸引用户，或者用户对内容的期望与实际体验存在差距。

停留时间的计算方式为：

停留时间 =（用户在页面的总时间 / 总访问人数）× 100%

通过分析用户停留时间，创作者可以判断内容是否需要改进，如增加互动元素、优化排版、提升内容的趣味性等。较长的停留时间不仅有助于提高用户的体验，还能间接提升内容在搜索引擎中的排名，增加曝光机会。

4.跳出率（Bounce Rate）

跳出率是衡量用户访问某个内容页面后立即离开的比例，通常用于反映用户对内容的初步印象。如果跳出率较高，意味着用户点击页面后并未深入浏览其他内容，可能是内容质量、页面设计或用户需求与内容不符导致的。因此，跳出率是判断内容是否能有效留住用户的关键指标。

跳出率的计算公式为：

跳出率=（单页访问数/总访问数）x100%

创作者通过分析跳出率，能够发现内容传播中的问题，例如标题与内容不符、页面加载速度过慢、内容结构不清晰等。通过调整内容结构、优化用户体验，可以有效降低跳出率，从而提升内容的黏性和互动性。

5.社交分享与互动量（Social Shares and Engagement）

在社交媒体平台上，内容的分享与互动量是评估传播效果的重要指标。社交分享反映了内容的传播范围和受欢迎程度，而互动量（如评论、点赞、转发）则显示了用户对内容的参与度。较高的分享与互动量不仅意味着内容得到了用户的认可，还能够通过用户间的互动带动内容的二次传播，扩大内容的影响力。

社交分享与互动量的评估能够帮助创作者判断内容是否具备社交传播的潜力，并及时调整内容策略，增强与用户的互动。社交互动的质量也很重要，例如用户的评论内容是否积极、是否引发了深度讨论等，都是创作者需要关注的点。

6.返回访问率（Return Visit Rate）

返回访问率是衡量用户对内容的忠诚度与持续关注度的关键指标。高返回访问率意味着用户对内容有持续的兴趣，并愿意多次访问该页面或平台。返回访问率通常用于评估平台的用户黏性和内容的长尾效应，通过分析用户的重复访问行为，创作者可以判断内容的持久吸引力以及品牌影响力。

返回访问率的计算公式为：

返回访问率 =（重复访问用户/总访问用户）×100%

创作者可以通过内容的持续更新、增强与用户的互动、提升用户体验等方式，增加返回访问率。较高的返回访问率不仅有助于建立忠实用户群体，还能为后续的内容传播奠定良好的基础。

7.内容分发覆盖率（Reach）

覆盖率指的是内容在发布后实际接触到的用户数量，这一指标反映了内容的传播范围。覆盖率越高，意味着内容在更大范围内得到了曝光，但仅仅依靠高覆盖率并不能保证传播效果。因此，创作者在评估覆盖率时，需要结合其他指标（如点击率、转化率等）进行综合分析。

覆盖率的评估方法：

平台曝光：通过各个平台的自然曝光和推荐机制，分析内容的初始传播范围。

跨平台覆盖：如果内容在多个平台上发布，创作者还应分析各平台之间的覆盖情况，确保内容能够在多渠道中实现最大化传播。通过多维度的数据评估，创作者可以更加全面地了解内容在不同平台中的传播效果，从而更有针对性地优化后续内容策略。

（二）数据分析与反馈

通过对各类数据的分析，创作者可以深入了解用户行为和传播效果，并据此进行有针对性的调整，提升内容的影响力和传播效果。数据分析的精准性和反馈的及时性不仅为内容优化提供了依据，也为传播策略的制定奠定了基础。

1.数据采集的多维度视角

数据采集是数据分析的第一步，旨在收集内容传播过程中的各种信息。内容在不同平台上的表现可能各不相同，因此需要采集多维度的数据，包括点击率、转化率、互动量、停留时间等。通过多渠道的数据整合，创作者可以全方位地了解受众的行为动态，确保分析结果的完整性和准确性。采集数据时，应特别关注不同平台提供的数据类型及其适用性。通过整合来自社交媒体、内容发布平台、搜索引擎等的多样化数据，创作者能够获得全局视角。为确保数据的准确性，过滤无效或不相关的数据是必要的步骤。

2. 数据分析的关键指标

在数据采集完成后，下一步是对数据进行系统分析，以揭示内容传播的实际效果。核心指标包括点击率、跳出率、停留时间、转化率等，这些指标反映了用户的参与度和内容的吸引力。通过对这些数据的深入解读，创作者可以评估传播的效率，并找出影响效果的因素。

点击率衡量了内容对用户的吸引力，而停留时间则揭示了用户对内容的兴趣深度。如果跳出率较高，可能意味着内容结构或页面设计需要优化。通过对这些指标的组合分析，创作者能够判断出内容在哪些环节表现优异，哪些环节需要改进。

3. 反馈机制的建立与应用

在内容传播中，实时反馈是创作者优化内容的有效途径。通过反馈机制，创作者可以即时获取用户的反应，并根据反馈做出相应调整。用户的行为数据，如点击次数、停留时间、互动频率等，能够为创作者提供直接的反馈，帮助其快速判断内容的表现。为了有效利用反馈，创作者可以采用A/B测试等手段，对不同版本的内容或传播策略进行测试，并根据数据反馈来选择最佳方案。通过不断调整和优化，创作者可以确保内容始终符合用户的需求，从而提高内容的传播效率。

4. 数据分析对内容优化的作用

数据分析的最终目标是通过对传播效果的量化评估，优化内容创作与传播策略。通过分析各类数据，创作者可以发现内容中的潜在问题，并采取针对性的优化措施。例如，通过观察用户在内容中的跳出点或停留时间短的部分，可以发现内容中的薄弱环节，从而对内容进行结构上的优化。此外，数据分析还可以帮助创作者识别出最受欢迎的内容类型和最佳传播时机。通过长期积累的数据，创作者能够总结出内容创作的最佳实践，并不断优化资源配置，提升内容的传播效果。

5.数据驱动的传播策略优化

除了实时反馈和短期优化，数据分析还可以为长期的传播策略提供依据。通过对历史数据的深度分析，创作者可以制定更具针对性的内容传播策略，从而提高未来传播的效率。数据分析能够揭示出受众的长期行为模式和偏好，使得创作者可以更精准地定位内容方向和目标用户。长期的策略优化不仅仅是根据某次内容的表现做出调整，而是通过系统的数据分析，预测未来的趋势，优化资源分配和内容创作策略，确保内容的持久影响力和稳定的传播效果。

（三）内容优化策略

优化策略是提升内容传播效果的核心，能够帮助创作者针对不同受众、平台特点和传播目标做出调整，使内容能够最大化发挥其影响力。以下将详细探讨几种常见的内容优化策略，并分析其应用方法。

1.标题与关键词优化

在内容传播中，标题和关键词是用户发现内容的首要入口。一个吸引人的标题能够直接影响内容的点击率，而合理设置的关键词则有助于提高内容在搜索引擎中的排名。优化标题和关键词的过程要求创作者具备对用户心理的深刻理解，并灵活运用搜索引擎优化（SEO）策略。

优化方法：

标题简明扼要：标题应当清晰地传达内容的核心信息，并激发用户的兴趣。通过使用数字、问句、热门话题等技巧，创作者可以使标题更具吸引力。

关键词的精准定位：选择能够与目标受众需求匹配的关键词，在内容标题、正文中自然嵌入，并避免关键词堆砌，以保持内容的流畅性和可读性。使用长尾关键词可以提高内容在细分领域中的搜索排名，吸引特定需求的用户。

2.内容结构优化

优化内容的结构有助于提升用户的阅读体验和信息获取效率。一个良好的内容结构应当清晰、有逻辑性，并能够引导用户逐步深入理解核心信息。对于长篇内容，创作者应通过合理的分段、标题设计和视觉辅助工具（如图表、列表等）来提升内容的可读性。

优化方法：

层次分明的内容布局：通过使用小标题、段落间的自然过渡等方式，使内容逻辑清晰，层次感强。每个段落应围绕一个明确的主题展开，避免内容散乱无序。

视觉辅助工具的使用：图表、图片、列表等工具能够有效增强内容的视觉吸引力，帮助用户更直观地理解复杂的信息。这些元素应当合理融入内容，而非单纯装饰。

3. 多媒体内容的整合

随着新媒体传播的多样化发展，仅依靠文字已经不足以吸引用户的全部注意力。整合多媒体元素，如图片、音频、视频等，可以大幅提升内容的互动性和趣味性，使得内容传播更具吸引力。不同形式的媒体元素能够帮助创作者以更生动的方式呈现信息，从而增强用户的参与度。

优化方法：

动态与静态媒体的结合：通过在文字内容中合理插入图片或短视频，能够让用户在阅读时获得更多感官刺激，增强对内容的印象。创作者应根据内容的需求选择适合的媒体形式，并确保这些媒体元素不会喧宾夺主，影响内容核心信息的传递。

音频和视频的引入：特别是对于教程类或科普类内容，音频或视频形式能够更好地解释复杂的概念或操作步骤，从而提升内容的实用性和传播效果。

4. 发布频率与更新策略

定期更新内容可以保持用户的关注度，并增强内容的长期传播效应。合理规划内容发布的频率和时机，能够提升用户的期望感和黏性。过于频繁的发布可能导致内容质量的下降或用户的疲劳，而发布过于稀疏则可能使用户失去关注。因此，找到合适的发布节奏和策略至关重要。

优化方法：

保持一致的更新频率：根据内容的类型和平台的特点，制定适合的更新计划。对社交媒体内容，创作者可以采取较为频繁的更新策略，而对于长篇文章或专题内容，则可以延长更新周期。

引入连载模式：通过将长篇内容分割成系列文章或视频，创作者可以吸引用户的持续关注，并为每次发布建立期待感。这种连载模式在知识类、故事类内容中尤为有效。

5.数据反馈与内容优化循环

优化内容的过程离不开数据反馈的支持。通过对内容传播效果的持续监测，创作者可以获得实时反馈，并据此做出内容优化决策。数据反馈不仅能揭示出哪些部分需要改进，还能帮助创作者发现用户的兴趣点和行为模式。

优化方法：

使用分析工具监测数据：借助各种分析工具，创作者可以实时监测内容的点击量、停留时间、转化率等核心指标。通过对这些数据的解读，创作者能够精确定位需要优化的环节。

不断调整内容策略：根据数据反馈进行持续的策略调整，确保内容的传播效果始终处于最佳状态。例如，如果发现某些关键词效果不佳，创作者可以通过数据分析找到更具吸引力的词汇替换。数据驱动的优化策略有助于不断提升内容的质量和传播效果，使内容传播更加科学、有效。

【本章小结】

在新媒体内容创作与传播中，内容的质量、传播渠道的选择以及传播效果的评估与优化都起着至关重要的作用。通过灵活运用创作原则和策略，创作者能够有效提高内容的吸引力，保证其在不同平台上获得广泛的关注。同时，内容的传播不仅需要考虑到不同渠道的特点，还要通过合理的整合与跨平台策略，实现更大的覆盖面和传播效果。在这个过程中，创作者需要依靠多维度的数据反馈，分析受众的行为模式与互动情况，从而不断调整传播策略。

通过评估传播效果的各种指标，如点击率、转化率、停留时间等，创作者能够清晰地了解内容的表现，从而发现优化的方向。基于这些评估，内容的结构、标题、关键词、发布频率等均可以进一步优化，以确保内容在各个传播阶段都能发挥最大效能。此外，整合多媒体元素，使内容更加多样化，也是增强用户参与感的有效手段。在新媒体传播的动态环境中，保持持续优化的意识，依托数据进行反馈驱动的改进，创作者才能真正做到精益求精，确保内容在不断变化的传播环境中保持竞争力。

第四章
社交媒体运营与管理

【学习目标】

本章旨在帮助学生深入理解社交媒体运营与管理的核心概念与实践应用。通过学习本章，学生将掌握如何选择并定位不同的社交媒体平台，了解平台的功能与适用性，并根据品牌的需求做出正确选择。此外，学生将学习社交媒体账号的创建、维护与形象设计，确保在各大平台上构建稳固的品牌形象和信任感。本章还将重点介绍内容策划与推广的技巧，使学生能够通过有效的内容策略提高社交媒体的影响力与用户参与度。最后，学生将掌握社交媒体数据分析的基本方法与工具，能够从数据中挖掘有价值的信息，优化互动策略，提升社交媒体运营的整体效果。通过本章的学习，学生将具备独立管理和运营社交媒体平台的能力，并能根据实际情况优化传播效果与用户体验。

一、社交媒体平台选择与定位

社交媒体平台的选择是社交媒体运营的首要环节，不同的平台拥有不同的功能与用户群体，因此选择合适的平台对于品牌的成功运营至关重要。本节将介绍主流社交媒体平台的特点，分析各平台的适用场景，帮助学生理解如何依据品牌定位和受众需求做出平台选择。此外，平台的定位和品牌塑造也将在本节深入探讨，学生将学习如何通过精准的定位在社交媒体上建立独特的品牌形象，提升品牌的影响力与用户认可度。

（一）主流社交媒体平台概述

社交媒体的迅速发展创造了多个影响广泛的社交平台。每个平台都有独特的功能和庞大的用户基础，适用于不同类型的内容传播和品牌推广。理解这些平台的功能和特点，是进行有效社交媒体运营的基础。以下将介绍国内几大主流社交媒体平台及其核心特点。

1.微信

微信作为中国最大的社交媒体和通讯工具，已成为用户日常生活不可或缺的一部分。它不仅是一个即时通信应用，还是一个综合性的平台，集支付、购物、内容发布于一体。微信的核心功能之一是微信公众号，它为个人和企业提供了一个发布内容的渠道，通过推送文章与粉丝互动。同时，微信还拥有微信小程序和视频号等功能，为品牌提供了多维度的内容传播机会。微信的生态系统非常强大，品牌可以通过公众号发布文章，与粉丝保持紧密联系，并通过朋友圈广告、视频号短视频等方式进行品牌推广。微信支付的便利性也让品牌能够直接实现从内容传播到销售转化的闭环。通过与用户的深度互动和日常沟通，品牌可以在微信平台上建立稳固的用户关系，并依托其强大的社交裂变能力扩大品牌影响力。

2.微博

微博是中国最具代表性的开放式社交媒体平台之一，其核心特点是内容的广泛传播和互动性强。用户可以通过微博平台实时发布文字、图片、视频等内容，形成快速的信息传播网络。微博的热门话题功能能够有效放大内容的传播效果，使品牌在短时间内获得大量曝光，尤其是在热点事件或话题营销中，微博的传播能力尤为突出。品牌通过微博可以发布短消息、文章、视频等多种形式的内容，同时通过微博粉丝互动、话题营销以及广告投放等功能，增强品牌的曝光度和用户参与感。微博的用户群体覆盖广泛，既有年轻人，也有关注时事热点的各年龄段用户。对于品牌来说，利用微博进行即时性强、传播范围广的内容推广，是提高品牌影响力的重要策略。

3.抖音

抖音是国内最大的短视频平台，以其快速发展的用户规模和强大的传播能力著称。抖音的内容形式主要以短视频为主，注重娱乐性和创意性，适合需要视觉冲击力强、趣味性高的品牌传播。抖音的推荐算法能够根据用户的兴趣和行为进行个性化推送，使得品牌内容能够精准触达目标用户。抖音平台的用户以年轻人为主，特别是18至30岁之间的用户占据了大部分比例，品牌可以通过发布短视频、发起挑战或使用带有创意性的广告形式，来吸引年轻受众的关注。品牌可以与网红或KOL合作，利用其影响力带动品牌的传播。同时，抖音的带货功能也使得品牌可以通过短视频直接推动商品销售，实现内容到电商的无缝连接。

4. 小红书

小红书起初以用户分享购物心得和生活经验的社区为主，现在已发展成为一个集种草、社交和电商于一体的平台。小红书的用户以年轻女性为主，内容涉及时尚、美妆、旅游、健身等多个领域。用户在平台上通过图文、短视频的形式分享个人体验，品牌可以通过这种用户生成内容的方式提升曝光率。品牌可以在小红书上通过广告投放、合作KOL发布体验笔记等形式进行精准营销。由于小红书用户注重真实体验，品牌需要注重内容的真实性和互动性，以赢得用户的信任。小红书的社交电商功能还使品牌能够直接通过用户的分享和推荐进行商品销售，从而实现从内容传播到电商转化的闭环。

5. 哔哩哔哩（Bilibili）

哔哩哔哩（B站）是以二次元文化起家的视频分享平台，如今已发展为一个涵盖广泛内容的社区，涵盖动画、游戏、音乐、电影、科技等多种内容类型。B站的核心用户以年轻人为主，尤其是95后和00后的用户居多。B站的内容形式以长视频、直播、专栏文章为主，用户黏性高，社区氛围浓厚。品牌可以通过与B站UP主（视频博主）合作，制作符合平台文化的内容，吸引年轻用户的关注。B站的弹幕文化也增加了用户与内容之间的互动性，品牌可以通过弹幕与用户进行即时互动，增强用户的参与感。此外，B站的直播功能也为品牌提供了实时与用户互动的机会，尤其适合品牌发布会、产品推广等场景。

6. 知乎

知乎是中国领先的知识分享型社交平台，用户以中高端知识分子为主，关注内容的专业性和深度。知乎的内容形式主要是用户问答，用户通过提出问题和回答问题的方式分享知识与见解，具有较强的社区感和互动性。品牌可以通过知乎发布专业性的回答或创建专栏，展示品牌的专业形象。知乎的受众对内容的质量要求较高，因此品牌在知乎上的传播策略应当注重内容的深度和实用性。通过知乎，品牌不仅可以进行精准的知识营销，还可以提升品牌的权威性和可信度。知乎广告系统的精准投放也能帮助品牌找到目标用户，尤其是在B2B、科技类、教育类等领域，知乎是不可忽视的传播渠道。

7. 快手

快手作为与抖音并驾齐驱的短视频平台，用户群体更广泛且下沉市场用户较多。与抖音相比，快手的内容风格更加真实接地气，用户之间的互动更加紧密。快手的带货功能同样十分强大，用户的消费行为更具黏性，品牌可以通过直播带货、短视频广告等方式实现商品销售。快手的社交属性较强，用户间的互动频繁，品牌可以通过与快手红人合作，增强品牌的社交影响力。此外，快手的“老铁”文化使得品牌能够在平台上建立更紧密的用户关系，提升用户的品牌忠诚度。对于希望扩大下沉市场覆盖的品牌来说，快手是非常理想的传播平台。

（二）平台选择的依据

在社交媒体运营中，选择适合的社交平台是内容传播和品牌推广的基础。不同平台的功能、用户群体和传播方式各有差异，选择合适的平台能够更有效地实现品牌传播目标。因此，品牌在制定社交媒体战略时，必须根据具体的需求和环境来选择最合适的平台。以下将探讨影响平台选择的几个关键因素。

1. 目标用户群体的特征

平台选择首先要基于品牌的目标用户群体的特征进行判断。不同的社交媒体平台有着不同的用户群体，涵盖了年龄、性别、职业、地域等多个维度。品牌需要明确自身的目标受众是谁，以及他们的社交媒体使用习惯。例如，微信的用户覆盖面广，适合面向各类受众的品牌，而小红书的用户主要是年轻女性，尤其适合美妆、时尚等行业的品牌推广。品牌应通过市场调研了解目标用户的社交媒体偏好，并根据这些信息选择最能触及目标用户的平台。此外，用户的行为习惯也会影响平台选择，比如某些用户更倾向于短视频平台，而另一些用户可能更喜欢图文并茂的内容发布平台。深入分析目标用户群体的喜好和使用习惯，能够帮助品牌更精准地选择合适的平台。

2. 平台的内容形式与品牌调性

每个社交媒体平台都有独特的内容形式，例如微信的公众号适合长篇文章，抖音和快手以短视频为主，而微博则以图文结合的方式见长。因此，品牌需要根据自身的调性和内容创作能力选择与其匹配的平台。例如，如果品牌注重视觉体验和创意性内容，那么抖音、快手等短视频平台可能更合适；而对于那些需要通过专业深度内容建立品牌形象的企业，知乎、微信公众号等平台则是更好的选择。品牌调性也决定了内容的呈现方式。高端品牌可能更注重内容的精致性和高质感，而社区化、生活化的品牌可能更适合在互动性强的平台上展现接地气的内容。因此，品牌在选择平台时，应充分考虑平台的内容呈现形式是否能够支持品牌的形象建设和内容需求。

3. 平台的互动功能与用户参与

社交媒体的核心之一是互动，平台的互动功能直接影响用户的参与度和品牌与用户之间的联系。某些平台，如微博和微信，允许用户通过评论、点赞、转发等多种方式与品牌互动，这为品牌提供了多渠道与用户沟通的机会。相比之下，知乎等平台的互动性更加专业化，适合针对特定问题进行深度讨论。品牌在选择平台时，应考虑互动功能是否适合品牌目标。高频次互动和实时反馈的品牌可以选择互动性强的平台，如抖音和快手，用户在这些平台上可以即时回复、点赞甚至发起二次创作。而对于需要建立长期深度关系的品牌，微信公众号、B站等平台提供了更好的社群运营环境，使得品牌能够通过长期的内容输出与用户保持紧密联系。

4. 平台的广告工具与数据分析能力

许多社交媒体平台提供了强大的广告工具和数据分析功能，帮助品牌更好地进行精准投放和效果评估。在选择平台时，品牌应考虑平台的广告投放系统是否完善，能否帮助品牌实现精准的用户定向。例如，微信和微博提供了高度细分的广告投放选项，品牌可以根据年龄、性别、地域等因素精准定位目标用户。数据分析能力也是平台选择的重要依据之一。一个具备强大数据分析工具的平台，能够帮助品牌更好地追踪用户行为，了解内容的传播效果并进行优化。例如，抖音和快手的推荐算法能够基于用户的兴趣推荐相关内容，品牌可以通过这些数据不断调整内容策略，提高传播效果。拥有良好广告投放工具和数据分析能力的平台能够为品牌带来更高的营销效率和投入产出比。

5. 品牌资源与平台契合度

不同的社交媒体平台在内容制作和运营上对品牌的资源要求不同。某些平台，如B站和抖音，要求品牌投入大量资源制作高质量的视频内容，而其他平台如微博和微信公众号则更注重文字和图文内容。因此，品牌在选择平台时，必须评估自身的资源是否足够支持某个平台的内容需求。此外，品牌还需要考虑平台的契合度。例如，B站和知乎更适合技术、教育类品牌进行深度的知识传播，而小红书和抖音则适合注重视觉效果和生活方式的品牌。平台的文化氛围与品牌调性是否一致，也决定了内容能否在该平台上获得更好的用户反馈和传播效果。

6. 平台的品牌竞争情况

品牌还应分析竞争对手在各大社交媒体平台的表现和市场占有率，了解同行在不同平台上的运营情况。某些行业的品牌可能已经在特定平台上占据了主导地位，如果进入此类平台，可能需要投入更多的资源来竞争用户注意力。而选择一些竞争较小的细分平台，可能更有助于品牌快速建立影响力。通过对竞争对手的分析，品牌可以评估在某个特定平台上是否有足够的竞争优势。例如，如果同行在微博上投入了大量资源并取得成功，品牌可以选择跟随或寻找新的突破口，如抖音或B站。了解竞争情况不仅可以帮助品牌更好地定位自己，还可以避免在市场竞争激烈的平台上过度消耗资源。

7. 传播目标与平台特性

品牌在选择社交媒体平台时，必须明确自身的传播目标。例如，是为了增加品牌曝光、提升用户互动，还是为了推动销售？不同的传播目标决定了品牌需要选择不同的平台。例如，如果品牌希望通过社交媒体提升销售转化，抖音和快手的带货能力更强，而如果品牌希望建立专业形象，知乎和LinkedIn则更加合适。此外，品牌还需要了解平台的特性。例如，短视频平台适合快速传播和病毒营销，而长文、深度内容平台则有助于建立品牌的知识权威。品牌在选择平台时，需考虑其传播目标与平台特性之间的匹配度，确保内容能够在该平台上达到最理想的传播效果。

（三）平台定位与品牌塑造

通过明确的平台定位，品牌可以更好地传递其核心价值，并在激烈的市场竞争中找到自己的独特之处。品牌塑造不仅仅是视觉识别的设计，还包括品牌在社交媒体上与用户的互动方式、内容调性以及用户体验等多个层面的协调。以下将从几个核心方面探讨如何在社交媒体平台上进行有效的品牌定位与塑造。

1. 平台定位的基础——了解目标受众

平台定位的核心在于明确目标受众的特征和需求。品牌在进入一个社交媒体平台之前，首先要了解该平台的主要用户群体，并判断这些用户是否符合品牌的目标受众。例如，微信的用户分布较为广泛，适合各类品牌进行传播，而抖音的用户群体更倾向于年轻人，因此注重视觉冲击力的品牌更适合在该平台传播。

定位技巧：

市场调研：通过数据分析和市场调研，了解目标用户的年龄、性别、兴趣爱好等特征，有助于品牌更精准地确定在该平台上的定位策略。品牌可以根据受众的使用习惯和偏好，设计与用户需求紧密相关的内容，提升传播效果。

用户反馈分析：用户的反馈也是制定平台定位的重要依据。通过分析用户评论、互动等数据，品牌可以更好地了解用户对品牌的期望，并及时调整平台定位策略，使其更加符合用户的需求。

2.品牌调性与平台特点的结合

品牌调性是品牌在社交媒体上的形象与气质，是品牌传递给用户的核心印象。每个社交媒体平台都有其独特的文化与用户期望，因此品牌调性应与平台的特点紧密结合。例如，抖音以轻松、娱乐为主，适合有趣、活泼的品牌调性，而知乎则注重知识性和专业性，适合深度内容输出的品牌。

定位技巧：

内容风格的调整：品牌在不同平台上需要调整内容风格，以适应平台的文化和用户需求。在娱乐性较强的平台上，品牌可以通过幽默风趣的方式传递信息，而在专业性较高的平台上，品牌则需要以严谨和可信的内容建立专业形象。

跨平台一致性：尽管不同平台的调性不同，品牌在各个平台的定位应保持一致性。这种一致性体现在品牌的视觉风格、语气、价值观等方面。跨平台一致的品牌形象有助于提升品牌的整体认知度，增强用户对品牌的信任感。

2.品牌识别的视觉呈现

品牌视觉识别是用户感知品牌的第一印象，是品牌塑造的重要组成部分。社交媒体平台提供了丰富的视觉表达方式，如品牌标志、色彩、图片、视频等，通过这些视觉元素，品牌可以直观地展示其价值和个性。例如，在小红书和Instagram等视觉主导的平台上，品牌需要特别注重内容的美观和一致性。

3.优化技巧：

视觉设计的一致性：品牌在不同平台上的视觉设计应保持一致性，以增强

用户的认知和记忆。例如，品牌标志、色彩、字体等元素应在所有平台上保持统一，这种一致性不仅有助于品牌形象的塑造，还能提高品牌的辨识度。

图片与视频的质量：在视觉平台上，图片和视频的质量直接影响用户对品牌的感知。高质量的视觉内容能够更好地传递品牌的专业形象和高端定位，增强用户对品牌的信赖感。因此，品牌在发布图片和视频时，应确保其质量符合平台标准，并与品牌调性相符。

4. 内容策划与品牌个性塑造

品牌个性是品牌与用户建立情感联系的重要途径，内容策划则是塑造品牌个性的关键。在社交媒体平台上，内容的风格、语气、频率等因素共同构成了品牌的个性。品牌应通过精心策划的内容，向用户传递一致的品牌个性。例如，时尚品牌可以通过展示最新的潮流趋势塑造前卫的品牌形象，而科技品牌则可以通过发布专业技术文章展示其创新性和前沿性。

优化技巧：

内容调性的一致性：品牌应确保其发布的内容在调性上保持一致。例如，幽默的内容风格应贯穿在品牌的各类内容中，不论是视频、图片还是文字，这种一致性有助于塑造鲜明的品牌个性。

内容多样化：虽然保持调性一致很重要，但品牌的内容形式可以多样化。通过文字、图片、视频、直播等多种内容形式，品牌可以吸引更多类型的用户，增加内容的传播范围。

5. 用户体验与品牌关系的构建

在社交媒体平台上，品牌不仅是信息的发布者，更是与用户进行双向沟通的桥梁。品牌通过与用户的互动、反馈、参与活动等方式，建立与用户的情感联系。良好的用户体验能够增强用户的品牌忠诚度，并推动品牌关系的长期维系。

优化技巧：

互动机制的设计：品牌应在平台上设计多样化的互动机制，如发起投票、问答活动、用户评论等，以增强用户的参与感。这些互动不仅能够增加用户的黏性，还能提升品牌的传播效果。

快速响应与用户反馈：品牌在社交媒体平台上发布内容后，应及时响应用户的反馈。通过快速回复用户的评论或私信，品牌能够展现其对用户的关注，从而增强用户的满意度和信任感。

6. 平台定位与长期品牌建设

平台定位不仅仅是品牌在当前阶段的传播策略，更是品牌长期建设的核心组成部分。品牌应根据市场环境的变化和用户需求的变化，不断调整平台定位策略，使其能够在未来的市场中保持竞争力。例如，随着短视频平台的崛起，许多品牌逐渐转向短视频内容的创作，以适应新的传播趋势。

优化技巧：

定期回顾与调整定位：品牌应定期回顾其在各个平台上的定位策略，分析市场变化、用户反馈和平台发展趋势，以便及时调整策略。

保持创新与灵活性：品牌在长期运营中应保持创新，不断尝试新的传播方式和内容形式，确保其平台定位始终符合市场需求和品牌的发展方向。

二、社交媒体账号建设与维护

社交媒体账号的建设与维护直接关系到品牌在平台上的表现和用户的信任感。本节将带领学生探索从账号创建到认证的整个过程，了解不同平台的认证机制及其重要性。同时，形象设计与账号安全管理也将作为重点讨论内容。学生将学习如何通过一致的视觉设计与内容风格塑造专业的品牌形象，确保账号在用户心目中具有高辨识度和可信度。对于账号的安全管理，学生将了解如何预防黑客攻击与信息泄露，确保品牌账号的长期安全稳定运行。

（一）账号创建与认证

在社交媒体平台上，账号的创建与认证是品牌运营的第一步，也是确保品牌形象在平台上具备合法性与可信度的基础。

1. 账号创建的基本流程

在不同的社交媒体平台上，账号创建的流程略有不同，但通常都包括注册账号、填写品牌信息和设置账户安全等基本步骤。

（1）注册信息的准确性

账号注册时，品牌需要提供真实、准确的信息，确保账号的合法性和规范性。这包括品牌名称、联系人信息、企业注册号等必要信息。在填写这些信息时，品牌应尽量简明扼要，避免烦冗，但也要确保提供的信息足够详尽，便于用户了解品牌的背景。

（2）用户名的选择

用户名是用户在社交媒体上搜索品牌的关键，品牌应尽量使用简洁、易记、具备辨识度的用户名，且与品牌名称一致。用户名应避免复杂的符号和难以理解的拼写，以确保用户在搜索时能够快速找到品牌。

（3）账号简介与品牌介绍

账号简介是品牌展示自身核心信息的窗口，内容应当清晰概括品牌的定位、使命和价值主张。品牌可以在简介中添加网站链接、联系方式等重要信息，使用户能够轻松与品牌进行进一步的互动。同时，品牌应避免过度营销语言，保持简介的专业性和简洁性。

2. 认证的流程与重要性

账号认证是确保品牌在社交媒体平台上具备权威性和可信度的关键步骤。平台通常为通过认证的账号提供特别标识，如蓝色或红色认证标志，以帮助用户快速识别出官方账号。这不仅提升了品牌的公信力，还能避免非官方账号冒用品牌名称进行欺诈或虚假宣传。

认证步骤：

提交企业信息：品牌在申请认证时，通常需要向平台提供相关的企业资质文件，例如营业执照、税务登记证明等。这些文件的提交需要确保信息的准确和真实，避免因信息不全或错误导致认证失败。

平台审核流程：提交信息后，平台会根据品牌的资质文件、经营规模、公众影响力等方面进行审核。审核周期因平台不同而有所差异，通常需要数个工作日。品牌应及时跟进认证进度，确保顺利通过审核。

认证标志获取：一旦认证通过，品牌账号将获得认证标志。这一标志通常会显示在品牌账号的昵称旁边，用户在浏览账号时可以清晰地看到该标志，从而快速判断账号的真实性。

认证的过程虽然相对繁琐，但其重要性不容忽视。通过认证的账号不仅能够提升品牌的公信力，还可以享受平台提供的更多高级功能，如更高的搜索排名、广告投放优惠等。因此，品牌应尽早进行账号认证，确保运营的顺利开展。

3. 账号安全与管理

在社交媒体平台上，账号安全是品牌运营的重要一环。随着网络攻击和信息泄露事件的增多，品牌需要格外重视账号的安全管理，以防止恶意入侵或账号被盗。

（1）多重身份验证

多重身份验证是增强账号安全性的重要手段。通过启用双重身份验证，品牌在每次登录时不仅需要输入密码，还需要通过手机验证码或电子邮件确认登录。这种额外的验证步骤能够有效防止未经授权的访问。

（2）定期更新密码

品牌应定期更新社交媒体账号的密码，避免使用简单的、容易被破解的密码。密码应包含大小写字母、数字和符号的组合，并避免使用与品牌相关的常见词语或年份。通过复杂的密码设置，品牌可以有效提升账号的安全性。

（3）管理权限的分配

对于需要多个管理员共同运营的社交媒体账号，品牌应合理分配管理权限，避免所有管理员都拥有最高权限。可以根据运营职责，将不同的权限分配给不同的管理员，降低安全风险。此外，品牌应定期检查账号的管理员列表，确保只有当前员工拥有登录权限，及时移除离职或不再负责该账号的人员。

4. 账号维护的长效机制

账号创建与认证完成后，品牌需要建立长效的账号维护机制，确保账号的持续运营。定期更新品牌信息、调整账号简介、监控用户反馈都是必要的维护工作。品牌应建立一套完善的运营机制，确保账号能够长期保持活跃状态。随着品牌的发展，品牌名称、业务方向或联系方式可能会发生变化。因此，品牌应定期检查并更新社交媒体账号上的品牌信息，确保用户获取的内容始终准确无误。社交媒体平台通常提供账号健康度的监控工具，品牌应定期使用这些工具了解账号的表现情况。例如，分析粉丝增长、互动频率等数据，有助于品牌及时发现运营中的问题并进行调整。

（二）账号形象设计

一个经过精心设计的账号形象，不仅能够提升品牌在社交平台上的辨识度，还能与用户建立情感联系，增强用户对品牌的信任感和忠诚度。因此，品牌在创建社交媒体账号时，必须重视形象设计，并确保其与品牌整体形象保持一致。

1. 品牌标识的统一性

账号的视觉形象是用户对品牌产生第一印象的主要来源。品牌标识（如

LOGO、色彩搭配、字体选择等）应与品牌整体的视觉识别系统保持一致，这样用户无论在任何社交媒体平台上看到品牌的内容，都能立即将其与品牌联系起来。品牌标识的统一性不仅有助于强化用户对品牌的记忆，还能提升品牌的专业性和权威性。在设计社交媒体账号形象时，品牌应确保LOGO的清晰度和可识别性，尤其是在一些图标较小的平台界面上，如微博或微信。色彩搭配上，应遵循品牌的主色调，保持视觉上的统一。同时，账号名称、简介和封面图片等元素也应当与品牌整体形象相呼应，确保所有内容在视觉和信息传递上具备一致性。

2.封面与头像的设计

封面图片和头像是社交媒体账号形象设计中的核心组成部分。封面图片通常占据账号主页的大部分空间，因此它是品牌向用户展示核心信息的重要区域。封面图片可以包括品牌的最新活动、产品宣传或是公司文化，但不宜过于繁杂。简洁、清晰的设计能更好地传递信息并吸引用户的注意力。头像的设计则需要简洁明了，通常使用品牌LOGO或标志性图形，这样不仅能确保在小尺寸下仍具辨识度，还能保持视觉的一致性。头像和封面图片的设计风格应保持协调，传递品牌统一的视觉形象。封面与头像的搭配能够形成整体的视觉印象，使用户一目了然地认知到该账号的品牌属性。

3.内容风格的一致性

在社交媒体平台上，品牌的内容不仅仅是发布的文字、图片和视频，还包括这些内容的整体风格。一个具有一致性内容风格的账号能够帮助品牌在众多竞争者中脱颖而出，并增强用户的认同感。品牌应当保持每个社交媒体内容的风格统一，例如在图文内容中使用固定的视觉模板、色彩搭配，以及在视频中使用相同的滤镜或字幕样式。此外，品牌的语调和文字风格也是账号形象设计的重要部分。无论是幽默风趣，还是专业严谨，品牌都应在内容中始终如一地展现这种风格，以确保品牌形象的连贯性和一致性。用户通过这种持续性的体验，能够更加深刻地感知品牌的个性和价值观。

4.用户体验与互动设计

账号形象不仅包括视觉设计和内容风格，还涵盖与用户的互动方式。良好的互动设计能够提升用户的参与感，增强用户与品牌的联系感。在设计互动内容时，品牌可以通过问答、投票、评论等功能，引导用户参与讨论。此外，使用统一的视觉风格设计互动工具，如投票卡片、评论框等，能够增强品牌形象的一致性。通过这些互动设计，品牌能够让用户感受到与其互动的专业性和一致性，同时也有助于品牌形象的深化。无论是用户参与的积极性，还是品牌的响应速度，都会对品牌形象产生影响。持续、良好的互动设计能够加强品牌与用户之间的联系，提升品牌在用户心中的地位。

（三）账号安全管理

在社交媒体运营中，账号安全管理是确保品牌在平台上持续稳定运营的关键环节。一个安全的账号不仅能够防止恶意攻击和信息泄露，还能保障品牌与用户之间的信任关系。

1.密码管理与多重身份验证

密码是账号安全的第一道防线，品牌应当重视密码管理，确保其具有足够的强度和复杂性。品牌账号的密码应包括大小写字母、数字和符号的组合，并且避免使用容易被猜测的词语，如品牌名称或简单的数字组合。为了进一步提高安全性，品牌应定期更换密码，避免长期使用相同的密码增加账号被攻破的风险。多重身份验证（Two-Factor Authentication, 2FA）是加强账号安全的有效方式之一。通过多重身份验证，登录账号时不仅需要输入密码，还需要通过短信、电子邮件或身份验证应用程序进行额外的确认步骤。这种双重保障能够有效防止因密码泄露而导致的账号被盗，进一步提升账号的安全性。

2.权限分配与管理员管理

在许多社交媒体账号的运营中，品牌往往需要多个团队成员参与内容发布、用户互动等工作。因此，合理的权限分配是账号安全管理中的重要环节。品牌应根据员工的职责为不同的团队成员设置不同的管理权限，确保每个管理员只能访问与其工作相关的功能，减少账号因权限过高而被滥用的风险。品牌还应定期检查和更新管理员列表，及时移除已离职或不再负责该账号的人员，防止这些人员的账户在未来可能被滥用或带来安全隐患。同时，对于拥有更高权限的管理员，品牌可以采取更为严格的身份验证措施，确保这些管理员的登录安全性。

3.监控异常行为与安全提醒

为了确保账号安全，品牌应利用平台提供的安全工具或第三方软件，定期监控账号的登录行为和操作记录。如果发现任何异常的登录尝试或操作，如在不同地点同时进行登录或频繁更改密码，品牌应立即采取措施进行验证，并在必要时更改密码或冻结账号。

许多社交媒体平台都提供了安全提醒功能，当有可疑的登录行为时，平台会通过电子邮件或手机提醒账号拥有者。品牌应确保这些提醒功能已开启，并且相关管理员能够及时处理这些安全警报，以防止账号受到潜在攻击。

4.防止网络钓鱼与社交工具攻击

网络钓鱼（Phishing）和社交工程攻击是社交媒体账号面临的常见威胁。黑客通过伪装成官方邮件或创建假冒登录页面，诱导品牌员工输入账号信息或点击恶意链接，从而获取账号控制权。为了防止此类攻击，品牌应教育员工识别钓鱼邮件，避免点击来源不明的链接或附件，并确保在登录账号时检查网址的真实性。此外，品牌可以使用安全浏览器插件或专门的防钓鱼软件，过滤和拦截潜在的钓鱼攻击，确保账号操作的安全性。建立内部安全培训体系，定期提醒员工如何防范网络攻击，也是提升账号安全的一项有效措施。

三、社交媒体内容策划与推广

内容是社交媒体运营的核心，优质的内容能够吸引用户关注、提升互动，并促进品牌传播。本节将帮助学生理解如何策划有吸引力且符合平台特性的内容，从而在不同的社交媒体平台上实现有效传播。学生将学习如何根据品牌目标设计内容策划策略，以及如何通过多种推广方式提升内容的覆盖率与传播效果。此外，用户互动的重要性也将在本节进行阐述，学生能够学习到如何通过互动增强用户的参与感，提升品牌的忠诚度。

（一）内容策划方法

在开始策划内容之前，品牌首先需要明确其传播目标和目标受众的特征。不同的内容目标会影响策划方向，例如，品牌的目标可能是增加曝光、提升用户互动或促进销售转化。通过定义清晰的内容目标，品牌能够更有效地制定具体的内容策略。

品牌可以通过市场调研或数据分析，了解目标受众的兴趣点和行为习惯。通过对用户喜好、社交媒体使用习惯的深入了解，品牌可以精准定位受众群体，制定更具针对性的内容。在策划内容时，品牌应设定清晰的关键绩效指标（KPI），如用户点击率、转发量、评论数等。这些指标将帮助品牌衡量内容的实际效果，并在后续优化中提供数据支持。明确的目标和受众定位有助于内容的集中和精确投放，使品牌能够更好地抓住用户的需求，提供他们感兴趣的内容。

内容策划的创意性是吸引用户注意力的关键。在竞争激烈的社交媒体环境中，品牌需要不断创新内容形式，保持用户的新鲜感和兴趣。形式多样化不仅能够增强内容的趣味性，还能适应不同平台的传播需求。品牌可以结合文字、图片、视频、音频等多种形式来丰富内容的表现形式。例如，短视频平台上，可以通过简洁有趣的创意视频展示品牌信息，而在图文并茂的平台，品牌则可以运用图表、信息图等工具增强内容的可视化效果。创意内容不仅要引发用户的关注，还应当注重互动性。例如，通过投票、问答、话题挑战等方式激发用户参与，不仅可以增加内容的曝光率，还能够有效提升用户的黏性。

内容策划并非一时之功，品牌在社交媒体平台上的传播需要保持持续性和连贯性。通过系统化的内容策划，品牌能够确保内容的输出始终围绕核心主题展开，并在用户心中建立稳定的品牌形象。品牌可以制定内容日历，以确保内容的发布有规律性。通过提前策划每日、每周或每月的内容发布安排，品牌能够提高内容输出的效率，并避免因缺乏计划而导致内容断档。另外，品牌还可以策划连续性的主题内容，通过分阶段的发布，吸引用户的长期关注。例如，品牌可以发布系列视频、连载文章，或举办周期性的社交媒体活动，使用户对内容产生期待感，增强品牌与用户之间的互动。

社交媒体内容的策划并非一成不变，品牌应根据内容的实际表现和用户反馈，进行实时调整和优化。通过数据分析和用户调查，品牌可以发现内容中存在的不足之处，并及时进行修改，确保内容能够最大限度地发挥其作用。品牌可以通过A/B测试方法，测试不同的内容形式、标题、发布时间等变量，找到最有效的内容组合。例如，品牌可以发布两种不同风格的帖子，比较其点击率或互动量，从而确定更符合用户喜好的方案。通过平台提供的数据分析工具，品牌可以实时监控内容的传播效果，了解内容的点击率、转发量、用户互动等关键数据。根据这些数据，品牌可以快速调整内容策略，例如优化发布时间、更换标题或调整内容风格。

内容策划还应确保与品牌个性和调性的一致性。品牌个性是品牌在用户心中形成的整体形象，它不仅体现在品牌的产品和服务上，还通过社交媒体内容进行传递。因此，品牌在内容策划时，应注重内容与品牌形象的契合，确保品牌调性的一致性。品牌的内容风格应当保持统一，不论是幽默风趣，还是专业严谨，品牌应在所有平台和内容类型中体现一致的语气和视觉风格。这种一致性能够强化品牌的个性，增强用户对品牌的认同感。内容策划应始终围绕品牌的核心价值观展开。例如，环保型品牌可以通过分享绿色生活方式的内容、推广可持续产品，强化品牌的环保形象。通过与品牌价值观一致的内容，品牌能够更好地传递其核心理念，提升用户的品牌忠诚度。

（二）内容推广策略

内容推广策略是确保内容能够被更多目标受众看到，并促使其与品牌进行互动的重要手段。通过合理规划和执行推广策略，品牌可以有效提升内容的覆盖范围，增加用户参与度，最终实现品牌传播的目标。以下将详细探讨几种常见且有效的内容推广策略，以帮助品牌在社交媒体平台上取得更好的传播效果。

广告投放是提升内容曝光率和触达目标受众的直接手段。大多数社交媒体平台都提供了广告投放服务，品牌可以根据目标用户的特征，如年龄、性别、地理位置、兴趣爱好等，精准投放广告，使内容能够迅速传递给潜在的用户群体。在广告投放时，品牌可以根据平台的数据分析，精确划分目标受众，确保广告能够覆盖到最相关的用户群体。通过详细的用户特征筛选，品牌能够减少不必要的广告浪费，提升投放效果。品牌可以根据平台的特点选择不同的广告形式，如信息流广告、视频广告、横幅广告等。每种广告形式都有其独特的优势，品牌可以根据内容类型和受众需求进行调整。例如，视频内容适合在抖音、快手等短视频平台上推广，而图文广告则适合微博、微信等平台。

与 KOL（关键意见领袖）的合作是一种有效的内容推广策略，尤其在社交媒体高度发达的今天，KOL在某些领域具备很强的号召力和影响力。通过与KOL的合作，品牌可以借助他们的影响力迅速扩大内容的传播范围，增加用户的信任感。

品牌在选择KOL时，应确保其影响力与品牌定位一致，且其粉丝群体与品牌的目标用户群体有较高的重合度。与一个合适的KOL合作，可以帮助品牌更精准地触达目标受众。

品牌可以通过多种方式与KOL合作，例如让KOL亲自体验产品并发布相关测评，或通过联合活动的形式共同推广内容。KOL的粉丝对其推荐的内容往往具备较高的信任度，这种信任能够为品牌带来更高的转化率。用户生成内容（UGC）是一种高效的推广策略，品牌通过激励用户自主创作与品牌相关的内容，能够实现自发的传播效应。UGC不仅能够为品牌带来更多的内容创作，还能提高用户的参与感和忠诚度，从而增强品牌的影响力。

品牌可以通过提供奖励、发起挑战或组织竞赛等方式，鼓励用户发布与品牌相关的内容。例如，品牌可以发起一个话题挑战，用户参与挑战并发布相关内容后，可以获得优惠券、礼品或品牌限量产品。品牌在推广UGC时，应该给予用户足够的创作空间，不要过于限制他们的表达方式。通过允许用户展示个人创意，品牌能够收获更具个性化和多样化的内容，同时这种创作自由也会吸引更多用户参与。

互动是提升内容推广效果的重要手段之一。通过策划多样化的社交媒体互动活动，品牌能够增加用户的参与度，从而提升内容的传播效果。常见的互动形式包括问答、投票、抽奖等，这些活动不仅能激发用户参与，还能增加品牌与用户之间的联系。品牌可以通过定期策划有趣的社交活动，吸引用户参与并分享。例如，在节日期间，品牌可以推出特定的活动，如抽奖活动、节日特惠等，激发用户的参与兴趣。这种定期的活动能够保持品牌的活跃度，同时增强用户的品牌记忆。为了吸引更多用户参与，互动活动应具有趣味性和吸引力。例如，品牌可以通过在线直播、实时问答或联合其他品牌的跨界互动，增强活动的吸引力，提升内容的传播效果。

推广策略并非一成不变，品牌需要根据推广过程中收集的数据进行实时优化和调整，以确保内容能够达到最佳的传播效果。通过分析用户行为数据、互动数据、转化数据等，品牌可以深入了解推广策略的实际效果，并根据结果及时调整策略。许多社交媒体平台都提供了数据分析工具，品牌可以通过这些工具追踪广告点击率、内容互动量、粉丝增长情况等。根据这些数据，品牌可以优化推广策略，例如更改发布时间、调整广告形式等。品牌应根据内容推广的实际表现，灵活调整广告投放的预算。例如，如果某一特定内容的广告效果显著，品牌可以增加该内容的投放预算，确保其获得更多曝光机会。而对于效果不佳的内容，品牌可以减少投放或及时进行优化调整。

（三）用户互动与参与

用户不仅仅是信息的接收者，更是内容的生产者和传播者。品牌需要通过精心设计的互动策略，激发用户参与，形成双向互动，从而增加内容的传播效应。用户互动的方式多种多样，品牌可以根据社交媒体平台的特点选择不同的互动形式，以吸引用户参与。常见的互动形式包括评论、点赞、分享、投票、问答以及互动游戏等。这些形式不仅能够提高用户的参与度，还能使品牌更直接地了解用户的需求与偏好。

品牌可以通过回复用户的评论，增加与用户的互动机会。通过这种方式，品牌能够展现对用户意见的重视，并进一步拉近与用户之间的距离。尤其是面对用户的负面反馈，品牌应及时回应，并通过有效的沟通解决问题，以维护品牌形象。还可以通过发起投票或问答活动，激发用户的参与兴趣。例如，在新品发布前，可以通过投票了解用户对不同设计或功能的喜好，从而提高用户的参与感，并增加产品发布的期待感。

通过这些多样化的互动形式，品牌能够在社交媒体平台上实现与用户的高效沟通，并增加用户对品牌的认同感。激励用户参与是提高互动率的有效手段之一。用户往往更愿意参与有回报的活动，品牌可以通过设计合理的激励机制，鼓励用户进行互动。这种激励机制不仅能够提高内容的曝光率，还能增强用户的参与热情，推动品牌在社交媒体上的传播。

品牌可以设置奖励机制，用户通过参与互动（如点赞、评论、分享）可以获得积分、优惠券或品牌产品。通过这种方式，品牌不仅能够提升内容的传播效果，还能够增强用户的忠诚度。发起话题挑战或互动活动是另一种激发用户参与的有效方式。例如，品牌可以发起用户创作挑战，邀请用户发布与品牌相关的内容，并通过设置奖励来鼓励更多用户参与。用户通过参与这些活动，不仅能够获得奖励，还能增加与品牌的情感连接。

在用户互动中，及时响应是提升用户参与感和满意度的重要因素。品牌在社交媒体平台上的互动不仅限于发布内容，还包括对用户评论、私信的及时回应。通过及时、有效的沟通，品牌能够展现出对用户的重视，增强用户的忠诚度，并提升品牌的口碑。

品牌应安排专门的运营团队或客服，及时回复用户的评论与私信。尤其是针对用户的疑问或反馈，品牌应以积极的态度进行回应，并在最短的时间内解决用户的问题。这不仅能够提升用户的满意度，还能塑造品牌的专业形象。直播是一种高效的互动形式，品牌可以通过直播与用户进行实时互动。例如，品牌可以举办产品发布会直播，用户在观看直播的同时可以通过评论与品牌互动，品牌则可以根据用户的反馈进行即时解答。通过这种双向互动，品牌能够增强用户的参与感，并增加内容的传播效应。

社交媒体平台不仅是品牌发布内容的渠道，还是品牌与用户建立深层关系的重要场所。品牌通过持续的互动，可以将用户转化为忠实粉丝，并逐渐形成稳定的社群。用户关系管理的核心在于通过长期的互动，增强用户的品牌认同感，使其自发传播品牌信息。

品牌可以通过创建微信群、QQ群或其他社交平台的社群，将活跃的用户聚集在一起，形成专属的品牌社区。在社群中，品牌可以定期发布独家内容、优惠活动或举行内部讨论，增强用户的归属感。同时，品牌还可以通过社群获取用户的直接反馈，为产品或服务的优化提供依据。对于社交媒体平台上的高价值用户，如活跃粉丝、KOL等，品牌应建立一套专门的管理机制。通过提供定制化的服务或独家权益，品牌能够有效增强这些用户的忠诚度，并借助他们的影响力进一步扩大品牌的传播范围。

四、社交媒体数据分析与用户互动

数据分析是社交媒体运营中的关键环节，通过对数据的科学分析，创作者能够更加精准地了解用户行为与内容的传播效果。本节将带领学生学习各种数据分析工具与方法，帮助他们掌握如何从庞大的数据中提取有用的信息。同时，学生将深入学习用户数据的挖掘与分析技术，理解如何利用这些数据优化品牌的社交媒体策略。用户反馈和互动策略也将在本节中探讨，学生将学会如何有效回应用户需求，增强与用户之间的互动，提升社交媒体平台的整体运营效果。

（一）数据分析工具与方法

确实，每个社交媒体平台都有特定的工具和功能来帮助品牌进行数据分析。接下来，我将详细列举每个国内主流社交媒体平台的具体数据分析工具，并结合应用方法，确保所列工具为真实存在的且已广泛使用。

1. 微博数据分析工具

微博粉丝通和微博数据助手是微博提供的两大主要数据分析工具。它们为品牌运营提供了全面的数据支持，包括粉丝增长、互动情况、内容表现等方面的数据。

工具应用技巧：

微博粉丝通：微博粉丝通是微博广告投放和推广管理工具，品牌可以通过该工具查看广告的点击率、互动量和转化效果。粉丝通还提供了针对性投放的受众选择，如年龄、兴趣和地域等，从而帮助品牌实现精准营销。

微博数据助手：微博数据助手提供了关于每条微博内容的详细分析，包括阅读量、互动量（点赞、评论、转发）、用户增长数据等。它还能追踪热门话题的表现情况，帮助品牌了解内容的热度以及用户对话题的参与度。

2. 微信公众平台数据分析工具

微信公众平台提供的主要分析工具包括公众平台助手和腾讯广告，这些工具帮助品牌分析公众号文章的阅读、互动情况，以及广告的投放效果。

工具应用技巧：

公众平台助手：这个工具是微信官方提供的分析工具，公众号后台直接集成了该功能。通过它，品牌可以了解每篇文章的阅读数、分享数、点赞和收藏情况。它还提供粉丝属性分析，如性别、年龄和地域分布，帮助品牌优化内容定位。

腾讯广告：微信广告投放和数据分析依赖于腾讯广告。品牌可以通过腾讯广告投放广告，并实时追踪广告的表现，包括展示次数、点击率和转化率等数据。腾讯广告还支持跨平台投放，如微信、QQ和腾讯新闻等，便于品牌在多个平台上进行统一管理。

3. 抖音与快手数据分析工具

抖音和快手两大短视频平台提供的主要分析工具分别是巨量引擎和快手磁力引擎，它们为品牌提供了全面的短视频数据分析支持。

工具应用技巧：

巨量引擎（抖音）：巨量引擎是字节跳动旗下的广告和数据管理平台，品牌可以通过它查看视频播放量、点赞数、评论数、分享量等。巨量引擎还提供广告投放的精准定向功能，帮助品牌根据用户的兴趣、行为等数据进行广告优化。

快手磁力引擎：快手磁力引擎是快手的数据分析和广告投放平台，它可以提供视频的播放数据、互动数据、用户增长数据等。通过磁力引擎，品牌可以分析用户的观看习惯，调整短视频内容制作的方向。

4.小红书数据分析工具

小红书品牌合作平台和小红书商家平台是小红书提供的两大数据分析工具，品牌可以通过它们追踪内容表现和用户互动数据。

工具应用技巧：

小红书品牌合作平台：品牌合作平台主要用于品牌和KOL的合作管理。品牌可以通过该平台了解与 KOL合作推广的效果，包括KOL发布的笔记的浏览量、互动量（点赞、评论、收藏）等数据。同时，品牌可以在平台上筛选合适的KOL，并根据其历史表现数据选择最具合作价值的KOL。

小红书商家平台：这是专为小红书电商卖家提供的数据管理工具，品牌可以查看产品的曝光量、点击量、转化率等数据。平台还提供了用户画像分析，帮助品牌了解消费者的需求，优化内容和营销策略。

5.数据分析方法与工具的结合

除了平台自带的数据分析工具，品牌还可以使用第三方工具与平台工具结合，提升数据分析的深度。

工具应用技巧：

GrowingIO：这是国内主流的用户行为数据分析平台，支持包括微信、微博、抖音等社交媒体的数据分析，帮助品牌通过用户行为数据挖掘潜在需求，优化内容策略。

国双数据：这是一款中国本土的第三方数据分析平台，主要帮助品牌跨平台分析社交媒体的数据，整合不同平台的用户互动和广告表现，提供全景数据视图。

（二）用户数据挖掘与分析

在社交媒体运营中，用户数据的挖掘与分析是品牌了解受众需求、行为模式及兴趣偏好的关键环节。通过深入分析用户数据，品牌能够实现精准的营销，优化内容策略，并提升用户参与度和忠诚度。用户数据不仅涵盖了用户的基本属性，还包括用户的互动行为、购买行为及其社交网络中的影响力。

1.用户数据来源

用户数据的来源多种多样，品牌可以从社交媒体平台自带的数据工具中获取基础数据，也可以通过第三方工具或自有系统收集更多的行为数据。常见的用户数据来源包括：

平台自带数据：如微博、微信、小红书等平台提供的用户基础信息、互动数据、粉丝增长情况等。

网站及移动应用数据：通过社交媒体链接到品牌官网或App的用户数据，可以通过Google Analytics等工具进行追踪。

第三方工具：使用如GrowingIO、国双数据等第三方数据分析平台，能够帮助品牌整合多个社交媒体平台的数据，形成更全面的用户画像。

2.用户画像构建

用户画像是基于用户数据的深入分析，帮助品牌更好地理解其目标受众的特征、需求和行为模式。通过挖掘用户的基本属性数据、互动行为数据以及消费行为数据，品牌可以建立起更全面、精准的用户画像，从而为个性化内容策划提供依据。

方法技巧：

基本属性分析：首先，品牌可以从用户的性别、年龄、地理位置、职业等基本属性入手，了解其用户群体的基本构成。这些数据可以帮助品牌确定目标用户群体的广泛特征，为内容创作和推广策略的调整提供方向。

兴趣偏好分析：通过分析用户对不同内容类型的互动数据（如点赞、评论、转发等），品牌可以了解用户的兴趣偏好。用户对某些话题或形式内容的高频互动，能够为品牌提供未来内容规划的参考依据。

3.用户行为模式分析

在社交媒体平台上，用户的行为模式不仅仅体现在对内容的直接互动中，还包括其在平台上的使用频率、访问时间、参与深度等多个方面。通过对用户行为模式的分析，品牌可以更好地理解用户的消费路径、互动习惯以及其社交影响力。

方法技巧：

访问路径分析：品牌可以通过用户在社交媒体平台上的访问路径，追踪其从进入品牌主页到与内容互动的全过程。这可以帮助品牌发现用户的兴趣点，并优化内容布局和互动方式。例如，通过分析用户在微信公众号上的点击路径，品牌可以发现哪些内容或链接能够更好地引导用户完成转化。

社交影响力分析：用户的社交影响力是衡量其在平台中传播效果的重要指标。品牌可以通过追踪用户的转发行为、互动频率等，评估其在社交网络中的影响力。这对于品牌选择与哪些用户进行深度互动或开展合作有着重要的参考价值。

4. 数据挖掘技术与工具

为了实现更深层次的数据挖掘，品牌需要借助多种数据挖掘技术和工具，将分散的用户数据整合分析，挖掘出隐藏在海量数据背后的用户需求和行为模式。

方法技巧：

聚类分析：聚类分析是一种常用的数据挖掘技术，品牌可以通过对用户数据进行聚类分析，将具有相似行为特征或兴趣偏好的用户分为不同的群体。通过对这些群体的精准分析，品牌可以制定更有针对性的内容策划和推广策略。

关联规则分析：通过关联规则分析，品牌可以发现用户之间的行为关联。例如，分析哪些用户在观看某一视频内容后会更倾向于点击购买链接，或者哪些用户在特定时间段的互动频率更高。基于这些数据，品牌可以优化广告投放的时间和内容形式。

5. 实时数据分析与优化

用户数据分析并非一次性的工作，而是需要通过实时监测与优化来提升数据分析的有效性。品牌可以通过实时的数据分析平台，及时了解用户的最新行为，发现内容推广中的问题并快速调整策略。

方法技巧：

动态调整内容策略：品牌可以通过实时数据分析，发现用户对不同内容的即时反馈。例如，如果一条广告在特定时间段的点击率较低，品牌可以立即调整广告形式或发布时间，以提高互动效果。

自动化数据分析工具：通过使用自动化的数据分析工具，品牌可以在短时间内获得精准的用户数据报告，并根据这些报告优化运营策略。例如，利用如国双数据或GrowingIO等自动化工具，品牌能够实时追踪多个社交平台的用户行为，帮助品牌快速做出响应。

（三）用户反馈与互动策略

在社交媒体运营中，用户反馈是品牌了解用户需求、改进产品和优化内容的重要参考依据。而互动策略则是增强用户黏性和提升品牌忠诚度的关键因素。通过有效收集和处理用户反馈，结合适当的互动策略，品牌能够与用户建立更加紧密的联系，实现持续的增长与发展。

1.用户反馈的类型与重要性

用户反馈是品牌在社交媒体平台上了解用户体验和需求的直接途径。根据内容的不同，用户反馈可以分为以下几种类型：

正面反馈：这类反馈通常表现为用户对品牌、产品或服务的赞扬与认可，往往伴随着点赞、正面评论、转发等互动行为。正面反馈能够提高品牌的声誉和口碑，同时也帮助品牌明确哪些方面表现良好。

负面反馈：负面反馈通常表现为用户对产品或服务的批评与不满，可能包括低评分、差评、抱怨等。尽管负面反馈对品牌可能带来负面影响，但它也是品牌改进的机会，通过妥善处理，品牌能够提升用户体验。

中性反馈：中性反馈通常是用户对产品或服务的建议或疑问，既不包含明显的赞扬，也不表达强烈的不满。这类反馈为品牌提供了进一步优化产品和服务的方向。

2.用户反馈的收集方式

在社交媒体平台上，用户反馈的收集方式多种多样，品牌可以通过多渠道获取用户的真实声音。以下是常见的几种用户反馈收集方式：

评论与私信：用户常通过评论和私信的形式直接表达他们对品牌的看法。这是最常见的反馈形式，品牌应密切关注这些反馈，并及时回复和处理，尤其是负面反馈。

在线调查与问卷：品牌可以通过设置在线调查或问卷的方式，主动向用户获取反馈。通过有针对性的问题设计，品牌能够更深入地了解用户的需求和满意度。

产品评论与评分：对于电商平台或产品类品牌，用户的产品评论和评分是重要的反馈渠道。这些反馈不仅反映用户的购买体验，还能影响潜在客户的决策。

社交媒体话题：品牌可以发起与用户互动的话题讨论，收集用户对特定产品或服务的意见。这类互动能够帮助品牌实时获取用户的看法，同时提升品牌曝光率。

2. 用户反馈的处理方法

有效处理用户反馈是提升用户满意度和品牌忠诚度的重要手段。针对不同类型的反馈，品牌应采取不同的处理方法，确保用户的声音得到充分重视和回应。

方法技巧：

正面反馈的回应：对于正面反馈，品牌应以感谢的方式进行回应，并适时推广品牌或产品的优势。例如，品牌可以感谢用户对产品的肯定，并鼓励用户继续关注品牌的其他产品或服务。同时，品牌可以将部分特别正面的反馈通过社交媒体进行展示，进一步提升品牌形象。

负面反馈的处理：品牌应认真对待每一条负面反馈，并采取及时、真诚的回应措施。处理负面反馈时，品牌应避免辩解或回避责任，而是以解决问题为导向。通过合理的补救措施，品牌不仅能化解用户的不满，还能转化负面反馈为正面效果。

中性反馈的采纳：中性反馈中的建议和意见往往能为品牌提供优化方向。品牌应定期汇总用户的中性反馈，并将其纳入产品和服务的改进计划。同时，品牌可以通过社交媒体发布相关动态，向用户展示他们的建议已被采纳，从而增强用户的参与感。

2. 互动策略的设计与实施

互动策略是品牌在社交媒体平台上与用户建立持续联系的重要手段。通过设计合理的互动策略，品牌不仅能够提升用户的参与度，还能进一步深化用户与品牌之间的关系。

方法技巧：

定期互动活动：品牌可以定期策划线上互动活动，例如投票、问答、抽奖等，激发用户的参与兴趣。这些活动不仅能够增加品牌的曝光率，还能提升用户对品牌的忠诚度。活动中，品牌应注重互动的趣味性和奖励机制，以激励更多用户参与。

用户生成内容（UGC）互动：UGC是一种有效的互动策略，品牌可以通过发起创意挑战或内容征集活动，鼓励用户创造与品牌相关的内容。用户参与的创意内容可以进一步提升品牌的社交影响力，同时也为品牌提供了多样化的内容素材。

实时互动与反馈：品牌应保持与用户的实时互动，尤其是在直播或社交活动中，品牌应及时回复用户的问题和评论，增强用户的参与感。通过即时反馈，品牌能够让用户感受到被重视，提升互动效果。

3. 用户反馈与互动的长期管理

用户反馈与互动策略的实施并非一次性工作，品牌需要建立起长期的管理机制，以确保持续的用户参与和品牌成长。

方法技巧：

反馈记录与分析：品牌应定期对用户反馈进行整理和分析，发现其中的共性问题和潜在需求。通过对反馈数据的长期监控，品牌可以及时调整产品和服务，确保用户需求得到满足。

持续优化互动策略：品牌的互动策略应随着用户需求的变化不断优化。品牌可以根据用户反馈，改进互动方式、调整互动内容，确保用户在社交媒体平台上的体验始终保持新鲜感和参与感。

建立用户社区：品牌可以通过社群运营的方式，将活跃用户聚集在一起，形成长期的互动社群。通过定期发布独家内容、内部讨论、特别活动等，品牌能够在社群中维持活跃度，并进一步增强用户的品牌归属感。

【本章小结】

在社交媒体运营与管理中，数据分析与用户互动是提升品牌影响力的核心环节。通过灵活运用多源数据分析工具，品牌可以深入了解用户行为及其需求，从而制定更具针对性的内容与推广策略。同时，用户反馈的收集和分析，能够帮助品牌及时发现问题并做出优化调整，确保用户体验的持续提升。基于科学的数据挖掘，品牌不仅可以优化内容策略，还能够在社交平台上与用户建立深层次的情感联系。

互动策略则为品牌创造了更多与用户沟通的机会，通过设计合理的互动活动，品牌能够增强用户的参与感，促进品牌在用户群体中的口碑传播。长期管理和维护用户反馈及互动策略，能够推动品牌在社交媒体中的持续发展，进一步提升用户的忠诚度与品牌形象。随着社交媒体环境的变化，品牌需要不断调整和优化其运营策略，以保持竞争优势，迎接新的挑战与机遇。

第五章

新媒体广告与营销

【学习目标】

在本章学习中，学生将深入了解新媒体广告的类型及其独特特点，掌握如何设计和实施高效的新媒体广告策略。通过案例分析，学生能够从实际应用中获得启发，熟悉在不同平台上执行营销活动的最佳实践。此外，本章将帮助学生理解广告效果的评估方法和关键指标，学习如何通过数据分析优化广告投放效果，并提高投资回报率（ROI）。本章学习目标不仅在于提供理论基础，更重在提升学生的实战能力，使其具备在新媒体环境中开展高效营销活动的能力。

一、新媒体广告形式与特点

新媒体广告作为当今数字时代的重要营销手段，具有丰富的形式和独特的传播特性。与传统媒体广告相比，新媒体广告通过多样化的表现方式，如社交媒体广告、视频广告和原生广告，更贴近用户的日常生活并增强互动性。本节将详细介绍新媒体广告的主要类型及其在数字环境中的应用，帮助学生理解这些广告形式如何在吸引用户注意力的同时，提升品牌的知名度与转化率。

（一）新媒体广告的类型

在新媒体广告领域，随着数字技术的快速发展，广告的形式变得越来越多样化。广告主可以根据不同的需求选择不同的广告形式，以便更好地接触到目标受众。下面将介绍几种常见的新媒体广告类型，这些类型广泛应用于数字平台中，帮助品牌提高曝光率和用户参与度。

1. 展示广告

展示广告是新媒体广告中最常见的一种类型，通常以图片、动画或视频的形式出现在网页的各个位置，如横幅广告（banner）、弹出广告（popup）等。

展示广告的优势在于其视觉冲击力强，能够快速吸引用户的注意力，并且可以通过多种尺寸和位置进行精准投放。在移动设备的普及下，展示广告也逐渐适应不同的屏幕大小和设备特点，提升了广告的展示效果。

应用场景：展示广告适合用于品牌推广、产品展示等，需要通过强烈的视觉冲击来吸引用户的场景，尤其适合电子商务、品牌宣传等领域。

2.信息流广告

信息流广告是一种嵌入在用户内容浏览体验中的广告形式，通常出现在社交媒体、新闻应用程序和内容平台上。信息流广告的特点在于其与用户浏览的内容形式相似，使得广告具有较高的原生性，能够在用户阅读或观看内容时不被强烈地感知为广告。这种广告形式常见于微博、微信、抖音、快手等平台，广告内容可以是图片、文字或短视频。

应用场景：信息流广告常用于提升品牌的自然曝光，尤其适合希望与用户保持较低干扰、增强用户参与的品牌。社交媒体平台和资讯类应用是信息流广告的主要载体。

3.搜索广告

搜索广告是一种基于关键词的广告投放方式，用户在搜索引擎中输入特定关键词时，广告会优先出现在搜索结果页面的顶部或侧边栏。搜索广告的优势在于其针对性强，能够根据用户的搜索意图进行精准匹配，提升广告的相关性。常见的搜索广告平台包括百度、360搜索、搜狗等。

应用场景：搜索广告特别适合那些依赖用户主动需求的产品和服务，尤其是在用户搜索某种特定需求时，能够立即展示相关的产品和解决方案。电商、旅游、金融等行业广泛使用搜索广告进行精准投放。

4.视频广告

视频广告是近年来发展迅速的一种广告形式，通常以短视频的形式嵌入在各类视频平台中，如抖音、快手、B站等。视频广告可以在内容播放前、中、后出现，或者作为信息流广告的一部分。由于视频广告具备较高的沉浸感和叙事性，广告主可以通过视频讲述品牌故事或展示产品特性，从而达到更强的用户触达效果。

应用场景：视频广告适合用于需要展示复杂信息、品牌故事或需要通过视觉和音效强化情感连接的场景，如电影预告片、品牌宣传片等。

5. 原生广告

原生广告是一种与平台内容高度融合的广告形式，其特点在于广告的形式、风格与平台的自然内容相似，用户在浏览内容时几乎无法察觉它是广告。原生广告强调与平台的契合度，因此在设计时需要特别注意广告的形式、语气和风格，确保与平台的内容保持一致。常见的原生广告平台包括小红书、知乎等内容社区。

应用场景：原生广告适合那些希望通过内容营销或软性广告影响用户决策的品牌，尤其是需要通过长时间培养用户信任的行业，如健康、教育、金融等领域。

6. 社交媒体广告

社交媒体广告是新媒体广告中发展最快的一种形式，通过在社交媒体平台上投放广告，品牌可以实现精准的用户定向，并通过用户的社交行为进一步扩大广告的影响力。这类广告通常以信息流广告的形式出现，但也可以包括其他形式，如故事广告（story ads）、赞助帖子（sponsored posts）等。微信、微博、抖音等平台都是社交媒体广告的重要载体。

应用场景：社交媒体广告非常适合希望通过用户互动、评论和分享来扩大影响力的品牌，尤其是在希望通过口碑传播或病毒式营销来提升品牌知名度的情况下。

7. 移动广告

随着智能手机的普及，移动广告已成为新媒体广告的重要组成部分。移动广告主要针对智能手机和平板电脑用户，能够根据设备类型、位置、使用时间等进行精准推送。移动广告的形式包括移动端展示广告、应用内广告、推送通知广告等，具有高度的互动性和定向性。

应用场景：移动广告适合那些希望捕捉用户碎片化时间、并通过精确的地理位置或个性化推荐进行广告投放的品牌。游戏、外卖、在线教育等行业在移动广告中表现突出。

8. 程序化广告

程序化广告是一种基于大数据和算法的自动化广告购买方式。通过实时竞价（RTB）技术，广告主可以在数秒内完成广告购买，并将广告精准投放给特定的用户群体。程序化广告的投放效率高，能够根据用户的行为数据、兴趣偏好和消费习惯进行个性化推送。国内常见的程序化广告平台包括百度程序化广告系统、阿里妈妈、腾讯广告等。

应用场景：程序化广告适用于那些需要大规模、高效率的广告投放场景，尤其是在零售、电商等行业中，程序化广告能够精准触达用户并提高转化率。

9. 游戏内广告

游戏内广告是指广告植入到游戏环境中的一种广告形式，广告可能出现在游戏场景、角色对话或游戏关卡中。通过这种方式，广告能够融入用户的游戏体验，而不被视为干扰。随着移动游戏的崛起，游戏内广告成为品牌接触年轻一代的重要渠道。

应用场景：游戏内广告适合那些希望通过互动和娱乐的方式传递品牌信息的企业，特别适合娱乐、科技、快消品等行业。

10. 内容赞助广告

内容赞助广告是一种品牌通过资助或支持特定内容创作来进行推广的广告形式，通常与KOL（关键意见领袖）或内容创作者合作，发布与品牌相关的内容。内容赞助广告的优势在于它能够通过可信赖的内容传递品牌价值，并提高用户的接受度。

应用场景：内容赞助广告特别适合那些需要通过专家、意见领袖或行业权威进行背书的品牌，常见于时尚、美妆、科技等领域。

（二）新媒体广告的特点

在数字化和信息化高速发展的背景下，新媒体广告相较于传统广告形式，展现出许多独特的优势和特点。这些特点使新媒体广告在传播效率、精准度和用户互动方面得到了极大的提升。理解这些特点，有助于品牌更好地把握新媒体广告的优势，优化其营销策略，实现更广泛的传播效果。

1. 高度的互动性

新媒体广告的最大特点之一是其高度的互动性。与传统广告不同，新媒体广告能够与用户进行即时互动，打破了单向信息传播的限制，形成了双向沟通的模式。这种互动形式不仅限于简单的点赞、评论或分享，还包括实时投票、问答以及通过广告参与小游戏等。通过增加互动性，品牌能够让用户更深度地参与到品牌传播中，增强用户的参与感和归属感。

在社交媒体平台上，品牌可以通过设置互动式广告活动，例如发起挑战赛、问答环节或抽奖活动，鼓励用户参与，提升广告效果。例如，在微信广告中，用户可以通过扫描二维码参与品牌活动，实现广告与用户的互动。

2.精准的用户定向能力

借助大数据技术和算法，品牌可以根据用户的地理位置、兴趣爱好、消费习惯等，精准推送广告内容，从而减少无效曝光，提升广告的转化率。相比于传统广告的广泛投放，新媒体广告的定向能力使广告主能够更有效地控制预算，并确保广告能够覆盖最有可能产生购买行为的目标群体。例如，百度搜索广告可以根据用户的搜索历史进行精准的关键词匹配，而微信广告则能够根据用户的社交行为、朋友圈互动等数据，推送与兴趣相关的广告内容。通过这些精准定向策略，品牌能够提升广告的投放效果。

3.数据驱动的效果评估

新媒体广告的另一个显著特点是其数据驱动的效果评估能力。每一次广告投放都会产生大量的数据，包括广告的点击率、浏览量、转化率等。品牌可以实时监测广告的表现，并根据数据分析结果及时调整策略。相比传统广告，新媒体广告的数据化特性使品牌能够更清楚地了解广告的实际效果，并对广告投放进行实时优化。通过如巨量引擎、腾讯广告等平台提供的广告数据分析工具，品牌能够实时查看广告的表现，包括用户的点击行为、停留时长、转化路径等，从而为后续广告投放提供科学依据。品牌可以根据这些数据，优化广告文案、视觉设计，甚至是投放渠道。

4.个性化内容创作

新媒体广告的个性化特性使品牌能够根据用户的需求和喜好，量身定制广告内容。通过大数据分析，品牌可以掌握每个用户的浏览记录、兴趣偏好和消费习惯，进而推出符合用户需求的定制化广告。这种个性化的广告不仅能够提高用户的参与度，还能增强用户对品牌的认同感，增加广告的转化机会。例如，抖音平台上的信息流广告能够根据用户的观看记录，推送与兴趣相关的内容，从而提高广告的相关性和吸引力。品牌可以通过个性化广告，增强用户对品牌的好感度和信任度。

5. 多元化的呈现方式

新媒体广告的多样性也体现在其丰富的呈现方式上。从传统的图文广告到现在的短视频、直播广告，品牌可以根据不同的平台特点选择适合的广告形式。视频广告、信息流广告、原生广告等形式都能够结合用户的使用习惯进行无缝衔接，不仅提高了用户的广告接受度，也使得广告内容更加生动、吸引眼球。例如，短视频平台如抖音和快手允许品牌通过短视频广告展示产品的使用方法、功能特点，并通过互动增强用户的体验感。而在微信朋友圈，品牌可以利用图文结合的方式推送原生广告，使其更自然地融入用户的社交内容中，减少广告的打扰性。

6. 高效的传播速度

借助社交媒体和内容分享机制，新媒体广告具备极高的传播速度。用户可以通过分享、转发等方式，迅速将广告内容传播给自己的社交圈，形成口碑效应，扩大广告的覆盖范围。相比传统广告需要通过线下渠道逐步传播，新媒体广告的快速传播使得品牌能够在短时间内实现更广泛的品牌曝光。例如，品牌在推出新产品时，可以通过微博、微信等社交媒体发起话题讨论，鼓励用户分享自己的体验或看法，从而在短时间内实现大规模的传播。通过用户的主动分享，品牌的广告内容能够实现“病毒式”传播，大幅提高传播效率。

7. 实时性与灵活性

新媒体广告的实时性与灵活性是其相较于传统广告的一大优势。品牌可以根据市场动态、用户反馈和广告表现，随时调整广告内容和投放策略。此外，广告主能够根据数据分析的结果，实时优化广告的表现，而不需要像传统广告那样经过复杂的投放和撤换流程。这种灵活性使得品牌能够在激烈的市场竞争中保持优势，及时应对市场变化。例如，当品牌发现广告的点击率或转化率较低时，可以立刻调整广告的标题、图片或投放受众群体，甚至可以暂停效果不佳的广告，避免预算浪费。通过这种实时优化机制，品牌能够不断提升广告的表现，确保投资回报率最大化。

8. 社交属性的增强

随着社交媒体的普及，新媒体广告越来越注重其社交属性。广告不仅仅是信息的传递工具，更是用户之间分享和互动的载体。品牌通过社交广告，可以直接与用户进行交流，并鼓励用户在自己的社交圈中传播广告内容，形成口碑营销效应。这种社交属性使得广告不仅限于平台上的曝光，更能够延伸到用户的社交网络中，扩大广告的影响力。例如，微信朋友圈广告具有较强的社交属性，用户可以在看到广告后通过评论、点赞等方式与品牌或其他用户互动。品牌可以通过这种方式增强与用户的互动，提升用户的忠诚度和信任感。

二、新媒体营销策略与案例分析

在新媒体环境中，营销策略的设计决定了品牌传播的广度与深度。随着用户行为和技术的发展，内容营销和社交媒体营销逐渐成为品牌推广的核心手段。本节不仅涵盖了不同营销策略的理论框架，还通过经典的成功案例，展示了这些策略在实践中的应用效果。通过对这些案例的分析，学生将能更好地理解如何有效结合创新思维与技术，制定符合市场需求的营销方案。

（一）内容营销策略

成功的内容营销策略首先需要明确品牌的目标受众及其需求。不同的受众群体有着不同的兴趣、问题和需求，品牌应通过深入的市场调研和数据分析，精准识别目标用户群体，并了解他们关心的内容类型。通过满足这些需求，品牌不仅能增加内容的相关性，还能提升用户的参与度和信任感。品牌可以通过社交媒体数据、用户反馈、市场调研等方式，收集并分析受众的基本信息和行为模式。在了解受众的基础上，品牌应根据用户的需求设计内容，如提供如何解决某个问题的指南或分享某个行业的最新趋势，从而使内容具有针对性和实用性。

内容创作计划是内容营销策略的核心组成部分，它包括了内容的主题选择、创作形式、发布时间以及发布平台等。品牌应结合其目标受众的兴趣点与市场热点，设计多样化的内容创作计划，以保持用户的持续关注。内容形式可以包括文字、图片、视频、音频等多媒体形式，以适应不同用户的阅读和浏览习惯。例如，针对年轻的移动设备用户，品牌可以采用短视频或图文结合的形式，在社交媒体平台上发布内容。而对于专业领域的用户，品牌可以制作深度的白皮书或研究报告，来吸引行业内的专业人士。通过制定合理的内容创作计划，品牌可以确保内容的多样性，并不断为用户提供新鲜感。

内容的分发与推广是确保内容营销策略成功的关键环节。即使创作了高质量的内容，如果没有有效的推广策略，内容也难以被目标用户发现。因此，品牌应选择适合的分发渠道，并通过多种形式的推广手段，确保内容能够触达广泛的受众群体。常见的分发渠道包括社交媒体平台、电子邮件、品牌官网、在线广告等。品牌可以通过在不同的平台上交叉发布内容，提升内容的曝光度。例如，在微信公众号发布的长文可以通过微博进行简要的概述，并附上链接，吸引更多的读者。品牌还可以通过合作 KOL（关键意见领袖）推广内容，利用他们的影响力来吸引更多的用户关注。

内容营销策略是一个持续优化的过程，品牌应根据用户的反馈和数据分析结果，定期调整和优化其内容策略。通过评估每篇内容的点击率、分享率、停留时间等数据，品牌可以判断哪些内容最受用户欢迎，进而优化内容的创作方向。同时，品牌还可以通过 A/B测试来确定最有效的标题、内容格式和发布时间等。例如，品牌可以通过分析一篇文章或视频的表现，了解用户的兴趣变化。如果某类内容的阅读量或转发量远超其他内容，品牌可以在后续创作中进一步深挖该类主题，并调整发布频率。通过不断的优化，品牌能够确保内容的持续吸引力和营销效果。

内容营销的重要目标之一是通过内容传递品牌的核心价值观和品牌故事。通过构建连贯一致的品牌故事，品牌可以在人群中树立鲜明的品牌形象，并与用户形成情感上的共鸣。品牌故事不应只是关于产品或服务的介绍，而是要通过情感化的表达来传递品牌的独特性和使命。品牌可以通过用户案例分享、员工故事、企业文化展示等内容形式，将品牌的价值观和故事融入日常的内容传播中。例如，一个关注环保的品牌可以通过分享其可持续发展举措和客户的环保行动，来强化品牌的社会责任形象。在用户心中建立起情感连接，使其不仅关注品牌产品，更认可品牌所倡导的价值。

用户生成内容（User-Generated Content，UGC）是内容营销策略中的重要组成部分。UGC指用户在品牌平台或社交媒体上自发创作的与品牌相关的内容。通过鼓励用户创造并分享品牌相关内容，品牌可以大幅提升其社交媒体的活跃度和影响力。同时，UGC内容通常比品牌自创内容更具真实性和说服力，能够增加用户的信任感。品牌可以通过发起线上活动、设立奖项或提供优惠等方式，激励用户创作UGC。例如，品牌可以鼓励用户分享他们的使用体验、产品照片或视频，并通过设置 #标签或专题页面来聚合这些内容。通过这种方式，品牌不仅能够丰富其内容资源，还能借助用户的创作实现更大范围的传播。

数据分析在内容营销策略中扮演着重要角色。通过对用户数据、内容表现数据等多维数据的深入分析，品牌可以更准确地了解用户的需求和行为，并据此优化内容创作和分发策略。数据驱动的内容决策可以帮助品牌更有效地规划内容资源，避免盲目创作无效内容，提升内容的ROI（投资回报率）。品牌可以利用诸如百度统计、Google Analytics等数据分析工具，追踪每篇内容的点击量、转化率、用户行为路径等数据。这些数据能够帮助品牌了解用户在不同阶段的需求，从而在内容规划中更加精准地满足用户的兴趣点。例如，某篇内容吸引了大量新用户浏览，但转化率较低，品牌可以据此调整内容的引导策略，以提高转化效果。

（二）社交媒体营销策略

在制定社交媒体营销策略时，品牌首先需要选择适合其目标受众和营销目标的社交媒体平台。不同的社交媒体平台具有不同的用户群体和功能特点，品牌应根据自身的行业属性和受众定位选择最为合适的渠道。常见的社交媒体平台包括微博、微信、抖音、快手、小红书等，每个平台的用户属性和使用场景各有不同。例如，对于年轻用户较为集中的抖音和快手，品牌可以侧重于短视频内容的创作，而在微信和微博上，则可以通过发布长文章或图文并茂的内容来吸引关注。通过针对不同平台特点进行内容形式的调整，品牌能够更好地抓住用户的注意力，提升传播效果。

品牌在社交媒体上的营销不仅仅是内容的发布，更在于通过个性化的沟通建立起独特的品牌形象。用户在社交媒体上倾向于关注有个性、有态度的品牌，而这些品牌通常能够通过情感共鸣和文化认同，吸引并聚集一群忠实用户。因此，品牌在进行社交媒体营销时，应注重品牌个性的塑造，并通过社群互动营造品牌文化。品牌可以通过发布具有幽默感、互动性强的内容，打造轻松、有趣的品牌形象。例如，耐克通过传递“不屈服”的品牌精神，在社交媒体上形成了强烈的用户情感认同。通过与用户的频繁互动，品牌能够将追随者转变为忠实的品牌拥护者，甚至激励他们为品牌进行自发的内容创作。

关键意见领袖（KOL）和网红在社交媒体营销中扮演着重要的角色。通过与这些具有广泛影响力的社交媒体用户合作，品牌能够迅速提高自身的曝光率，并借助 KOL的影响力建立信任感。KOL和网红通常在特定领域内具有较高的权威性和粉丝基础，因此，他们的推荐能够对粉丝的购买决策产生直接影响。品牌可以选择与其行业相关的KOL或网红合作，进行产品评测、直播带货或品牌故事讲述。通过KOL的粉丝群体，品牌可以迅速扩大其受众范围，并在短时间内提升品牌的知名度。例如，美容品牌常常与美妆博主合作，进行产品推荐，这些博主的粉丝因为对其信任，往往更容易接受品牌的推广内容。

社交媒体营销的核心在于互动，品牌需要设计能够引发用户参与的内容，从而提升用户的参与感。互动性强的内容能够通过用户的点赞、评论、分享等方式，进一步扩大传播范围。品牌可以通过举办线上活动、投票、问答等形式，鼓励用户与品牌进行互动，从而增强用户的参与度。例如，品牌可以发起线上挑战活动，邀请用户参与并分享他们的挑战成果，这种形式能够引发大量用户自发参与和分享，形成病毒式传播效果。或者，品牌可以通过社交媒体平台定期举办抽奖活动，鼓励用户评论或转发品牌内容，增加与品牌的互动机会。

社交媒体的即时性使得品牌可以实时与用户进行沟通，并快速响应用户的反馈。这种实时互动不仅能够提升用户的满意度，还能够及时解决用户的问题，避免负面情绪的传播。在社交媒体营销中，品牌应保持高度的敏感性，及时回应用户的评论、私信或反馈，展现品牌的服务意识。当用户在社交媒体上对品牌提出问题或疑问时，品牌可以通过私信或公开回复的方式，快速回应用户的需求。例如，当用户对某款产品提出问题时，品牌可以通过评论区或私信解答，甚至通过视频内容的方式进一步阐明产品特点。这种快速响应的方式能够大幅提升用户对品牌的好感度，并有助于建立品牌的正面形象。

社交媒体平台为品牌提供了丰富的数据，包括用户的行为数据、互动数据和内容表现数据等。通过这些数据，品牌可以了解受众的喜好、行为模式，并根据数据调整营销策略。数据驱动的社交媒体营销能够帮助品牌更精确地制定内容发布计划、广告投放策略以及用户互动方案。品牌可以通过社交媒体平台的分析工具（如微博数据助手、微信公众平台分析工具）了解每篇内容的阅读量、互动量、转发率等指标。这些数据能够帮助品牌判断哪些内容最受欢迎，并据此优化后续的内容创作和投放策略。例如，通过分析某条内容的点击率，品牌可以确定最佳发布时间或内容形式，从而提高内容的传播效果。

虽然社交媒体的有机传播可以带来较大的曝光，但要实现更广泛的覆盖和更精准的用户触达，品牌可以借助社交媒体广告。社交广告能够根据用户的兴趣、行为和地理位置进行精准定向投放，从而最大限度地提高广告的转化率。通过结合广告投放与自然传播，品牌能够实现更高效的营销效果。例如，品牌可以在微信朋友圈中投放信息流广告，针对特定年龄段、地理位置或兴趣爱好的用户群体进行精准投放。同时，品牌可以使用A/B测试功能，测试不同广告素材的表现，优化广告内容，以提升广告的点击率和转化率。

（三）经典营销案例分析

在新媒体广告与营销策略中，经典案例不仅提供了创新思路，也为未来营销活动提供了实战经验。通过对成功案例的分析，品牌可以总结出有效的传播手段，并灵活运用于自身的营销策略中。以下将介绍几个近年来国内市场中较为成功的经典营销案例。

1. 瑞幸咖啡+茅台：联名营销

瑞幸咖啡与茅台在2023年的联名营销无疑是年度最为成功的跨界合作之一。瑞幸推出的“酱香拿铁”通过与茅台的联名，迅速打破了传统咖啡品牌的界限，在短时间内引发了社交媒体的广泛讨论与传播。该活动不仅吸引了大量新用户，还成功激发了老用户的参与热情。

策略解读：此次联名营销通过两大品牌的结合，打破了行业壁垒，带来了品牌间的强强联合效应。瑞幸借助茅台的高端品牌形象提升了自身的市场定位，而茅台则通过这一创新的合作，扩大了其在年轻消费者中的影响力。此次合作体现了跨界营销带来的品牌互补效应，是品牌在社交媒体环境中扩大影响力的典范。

2. 完美日记：KOL营销与社交媒体传播

完美日记作为国内新兴美妆品牌，通过新媒体平台迅速崛起，其营销成功的一个关键因素在于与KOL（关键意见领袖）的深度合作。通过与美妆博主、社交媒体红人等合作，完美日记将产品评测、使用教程等内容融入用户的日常社交互动中，进而实现了品牌的迅速传播。此外，完美日记在抖音、微信等社交平台上积极参与互动，进一步强化了其在年轻用户中的品牌影响力。

策略解读：完美日记的成功在于其通过精准的KOL合作与社交媒体传播，实现了品牌内容的自然传播。该策略结合了用户的社交习惯，通过真实的使用场景和可信赖的内容生产者，成功打破了传统广告的壁垒。该案例表明，在新媒体环境中，借助KOL进行内容创作和用户互动是增强品牌影响力的重要手段。

3. 支付宝：锦鲤活动

支付宝的“锦鲤”活动凭借其创新的营销方式，在社交媒体上引发了巨大的反响。该活动通过设立高额的奖品吸引用户参与，通过转发微博的方式参与活动，鼓励用户分享活动内容。最终，“锦鲤”活动不仅为支付宝带来了巨大的流量，还让“锦鲤”成为年度热词，极大地提升了品牌的曝光度和知名度。

策略解读：支付宝的“锦鲤”活动成功之处在于其利用了社交媒体的“病毒式传播”特性，迅速在用户之间形成了裂变式扩散。通过简单易行的参与方式，活动调动了用户的积极性，极大提升了活动的参与度和品牌的影响力。这种依靠社交传播和话题引爆的策略，为后续品牌提供了可借鉴的活动营销范式。

4. 汉堡王：品牌逆袭计划

汉堡王通过多次巧妙的反向营销活动，成功吸引了消费者的关注。在一次营销活动中，汉堡王推出了“故障汉堡”的概念，将消费者对食品的投诉转化为品牌的一次正面传播机会，通过社交媒体上的互动和有趣的用户体验，品牌得以借此逆袭。这一营销活动展示了品牌在面对负面反馈时如何巧妙应对，并通过逆向思维转化为品牌的传播优势。

策略解读：汉堡王的“逆袭”营销策略通过将品牌形象的负面部分巧妙转化，体现了品牌在数字化营销中创新应对危机的能力。该活动不仅提升了消费者的参与感，还展示了品牌应对负面反馈时的智慧和幽默感。这样的策略表明，在新媒体环境中，品牌可以通过逆向思维创造意想不到的传播效果。

5. 农夫山泉：跨界创新与品牌故事

农夫山泉的“水中贵族”广告系列，通过跨界合作和品牌故事传递，强化了其高端健康水的形象。该品牌通过与文化、艺术领域的跨界合作，以及对水源地的深度讲述，将品牌形象与自然环保理念紧密结合。通过精心设计的广告和故事化的传播，农夫山泉成功地吸引了注重品质的消费者，并提升了其品牌的文化附加值。

策略解读：农夫山泉的成功在于其通过跨界合作和品牌故事的打造，赋予了产品更高的文化内涵。品牌不仅通过传统广告渠道传播，还通过新媒体的故事化内容，使用户能够深入了解品牌背后的价值观。这一案例表明，品牌在新媒体环境中应注重通过内容营销讲述故事，以增强用户对品牌的情感认同。

三、新媒体广告效果评估

广告效果的评估是确保营销策略成功的关键步骤之一。在数字广告中，品牌不仅要关注广告的覆盖面，还需密切监控用户的互动行为、广告的转化率及其投资回报率。本节将探讨广告效果评估的核心指标及其优化方法，通过数据分析帮助学生掌握如何改进广告策略以提升整体效果。通过学习本节，学生将能更好地将理论应用于实践，进行精准的广告效果分析。

（一）广告效果评估指标

在新媒体广告环境下，评估广告效果是确保广告活动有效性的重要环节。广告效果评估指标不仅可以帮助品牌判断广告的成功与否，还能为后续广告策略的调整提供依据。

1. 曝光量（Impressions）

曝光量是指广告在目标受众面前被展示的总次数，是评估广告覆盖范围的关键指标。曝光量通常用于评估广告的广泛性，尤其适用于品牌推广和提高品牌知名度的广告活动。虽然曝光量并不直接反映广告的转化效果，但它能帮助品牌了解广告的总体可见度和触达率。

在大型活动或品牌宣传中，曝光量是最基础的指标之一。通过追踪广告的曝光量，品牌可以了解广告在不同平台上被展示的频率，并根据这一数据调整广告的投放范围。例如，在微信、微博等平台，品牌可以通过分析曝光量来判断广告的覆盖效果，并决定是否需要增加或减少投放预算。

2. 点击率（CTR）

点击率（CTR，Click-Through Rate）是指用户点击广告的次数与广告展示次数的比率，是衡量广告吸引力和相关性的重要指标。较高的点击率通常意味着广告内容对目标用户具有吸引力，而低点击率则可能表明广告需要进行优化。点击率能够直接反映广告的效果，尤其适用于需要用户采取具体行动的广告类型，如点击链接、下载应用或注册账号等。对于电商广告或促销活动，点击率是衡量广告吸引力的重要指标。通过分析点击率，品牌可以了解广告文案、图片、视频等元素对用户的吸引程度。例如，如果某广告的点击率低于预期，品牌可以考虑调整广告的标题或视觉设计，以提升点击率和用户参与度。

3. 转化率（Conversion Rate）

转化率是指用户在点击广告后，完成特定目标行为的比例，通常包括购买产品、填写表单、下载资料等。转化率是评估广告实际效果的核心指标，直接反映广告的投资回报率（ROI）。相比曝光量和点击率，转化率更能体现广告对用户行为的影响。在广告投放后，品牌可以通过跟踪转化率，了解用户在点击广告后是否完成了预期的操作。例如，在电商平台上，品牌可以通过分析广告的转化率，判断广告对用户购买行为的影响。如果转化率较低，品牌可以考虑优化着陆页、简化购买流程或改进广告的内容吸引力。

4. 停留时间（Dwell Time）

停留时间是指用户在点击广告后，在广告页面或着陆页上停留的时长。该指标能够反映用户对广告内容的兴趣和参与度，尤其适用于信息量较大的广告，如产品展示、品牌故事等。较长的停留时间通常意味着用户对广告内容有较高的兴趣，而较短的停留时间则可能表明广告内容未能吸引用户深入了解。对于广告内容丰富的页面，停留时间是判断用户是否真正参与广告内容的重要指标。例如，品牌可以通过分析用户在视频广告或产品介绍页面上的停留时间，了解内容是否足够吸引用户。如果停留时间较短，品牌可以考虑调整页面布局或增加互动内容，以延长用户的参与时间。

5. 跳出率（Bounce Rate）

跳出率是指用户在点击广告后，未进行任何互动便离开页面的比例。跳出率是衡量广告内容是否与用户预期匹配的重要指标。如果跳出率较高，通常意味着广告内容与用户需求不符，或着陆页的设计未能有效引导用户进行下一步操作。在推广活动中，跳出率是判断广告效果的关键指标之一。通过分析跳出率，品牌可以了解广告和着陆页是否具备足够的吸引力。如果某广告的跳出率较高，品牌可以考虑优化广告文案、改善用户体验或重新设计着陆页，以提升用户的参与度和转化率。

6. 社交互动率（Engagement Rate）

社交互动率是指用户在社交媒体上与广告内容的互动次数，如点赞、评论、分享等。社交互动率是衡量广告对用户情感和行为影响的重要指标，能够帮助品牌了解广告的传播效果和用户的情感反应。较高的互动率通常表明广告内容具有较强的共鸣和传播潜力。

评估应用：在社交媒体广告中，互动率是品牌衡量广告成功的重要指标。例如，品牌在发布一则广告后，可以通过分析点赞、评论和分享的数量，了解用户对广告内容的兴趣和参与度。如果互动率较低，品牌可以考虑增加广告的互动元素，如发起投票或问答活动，鼓励用户参与。

7.投资回报率（ROI）

投资回报率（ROI，Return on Investment）是指广告带来的收益与广告成本的比值，是衡量广告投放效果最直接的经济指标。较高的ROI意味着广告的投资效益较好，品牌可以通过ROI数据来判断广告活动的整体盈利能力和市场效果。

评估应用：在广告投放结束后，品牌可以通过计算ROI，评估广告是否达到预期的商业目标。例如，电商平台可以通过分析广告的ROI，判断广告带来的实际销售额和利润。如果ROI不佳，品牌可以考虑调整广告预算或优化投放策略，以提高广告的投资效益。

8.用户行为路径分析

用户行为路径分析是指追踪用户从点击广告到完成转化之间的所有行为步骤，帮助品牌了解用户在广告中的行为习惯和决策过程。通过分析用户行为路径，品牌可以发现用户在广告互动中的潜在障碍，并优化广告的用户体验和转化流程。例如，品牌可以通过分析用户从广告点击到购买产品的路径，了解用户在广告互动中的每一个行为节点。如果发现用户在某一环节上大幅流失，品牌可以针对该环节进行优化，如改善页面加载速度或简化注册流程，以提高转化率。

（二）数据分析与效果优化

在新媒体广告投放过程中，数据分析是优化广告效果的核心手段。通过对广告数据的深入分析，品牌可以及时调整广告策略，从而提升广告的效果。数据分析不仅能够帮助品牌了解广告的实际表现，还能揭示用户行为背后的关键驱动因素。

1.数据收集与整理

广告效果优化的第一步是收集相关的数据。这些数据包括用户的点击率、曝光量、停留时间、转化率等。通过全面的数据收集，品牌可以获取广告活动的整体表现信息，并据此判断广告的初步效果。常规的数据来源包括广告平台自带的分析工具、第三方监测工具以及品牌自身的用户数据系统。数据的完整性和准确性是后续分析的基础。

分析应用：品牌在进行数据收集时，可以使用如百度统计、巨量引擎、Google Analytics等工具。这些工具能够提供多维度的数据分析，帮助品牌全面了解广告的展示情况、用户的行为路径等。通过整合这些数据，品牌能够建立起关于广告效果的全景图，从而为后续的效果优化提供基础依据。

2.用户行为分析

通过用户行为分析，品牌可以深入了解广告受众在互动中的行为轨迹。用户行为数据不仅包括点击和浏览，还涵盖了用户在不同平台之间的切换、停留时间、跳出率等。通过分析这些数据，品牌能够发现广告在用户路径中的薄弱环节，进而有针对性地调整广告内容或着陆页设计，以提升用户的参与度和转化率。

分析应用：品牌可以利用热图工具（如Crazy Egg、Hotjar等）来观察用户在广告页面上的点击行为和停留区域。如果某些广告页面的跳出率过高，品牌可以通过分析用户的行为路径，发现问题所在。通过优化这些页面的用户体验，品牌能够提高用户的停留时间，进而增加转化机会。

3.多渠道数据对比分析

广告通常会通过多个渠道进行投放，不同渠道的用户行为和互动方式可能有所不同。品牌需要对各个渠道的数据进行对比分析，以了解每个渠道的表现差异。通过这种多渠道对比，品牌可以识别出效果最佳的渠道，并将更多资源集中在高效渠道上，同时优化表现较差的渠道策略。

分析应用：例如，品牌可以比较微博、微信和抖音等不同平台上的广告投放效果。通过分析各渠道的点击率、互动率和转化率，品牌可以判断哪些平台更适合特定的广告内容。对于效果不佳的渠道，品牌可以通过调整广告投放时段、广告形式等方式，进一步优化其表现。

4.A/B测试优化策略

A/B测试是一种常见的数据分析工具，通过对广告的不同版本进行对比测试，品牌可以找到最具吸引力和转化效果的广告元素。A/B测试可以应用于广告文案、图片、视频、按钮设计等多种要素的优化。通过持续进行A/B测试，品牌能够根据用户的反馈不断优化广告内容，从而提高广告的整体表现。

优化应用：例如，品牌可以通过A/B测试比较两个不同广告文案的点击率和转化率。如果某一文案表现明显优于另一个，品牌可以选择效果更好的文案进行大规模投放。通过这种方式，品牌能够降低广告试错成本，同时提升广告的投放效率。

5.实时监控与动态调整

新媒体广告具有极强的实时性，品牌可以通过数据分析工具对广告的表现进行实时监控。通过实时跟踪广告的点击率、转化率等数据，品牌可以根据实时反馈动态调整广告策略。例如，如果某一广告的转化率在短时间内急剧下降，品牌可以立即暂停广告投放，分析原因并进行调整。

优化应用：品牌可以通过微信广告、巨量引擎等平台提供的实时数据监测功能，掌握广告的最新表现。当发现某些广告在某一特定时间段内效果不佳时，品牌可以通过调整投放时间、重新定向受众或修改广告素材，来提高广告的实时表现。

6.用户分层与个性化推荐

通过数据分析，品牌可以对用户进行分层，并根据不同用户群体的特点提供个性化的广告推荐。用户分层的基础在于对用户行为数据的深入分析，包括年龄、性别、兴趣爱好、地理位置等多个维度。通过这种分层分析，品牌可以更加精准地投放广告内容，并根据用户的个性化需求进行定制化推荐。

优化应用：品牌可以使用个性化推荐算法，根据用户的浏览历史和互动行为，为不同用户群体推送相应的广告内容。例如，对于经常浏览健身内容的用户，品牌可以定向推送与健康、健身相关的广告。通过个性化推荐，品牌能够显著提升广告的点击率和转化率。

7.数据驱动的长期优化策略

广告效果优化不仅仅是短期的调整，而是一个持续的过程。品牌应通过定期的数据分析，持续优化广告的内容、投放策略和目标受众定位。通过长期的监测和调整，品牌可以根据市场和用户需求的变化，制定更加精准和有效的广告投放策略。

优化应用：品牌可以制定长期的数据优化计划，例如每季度对广告投放效果进行全面回顾，并根据市场的变化调整广告内容和预算分配。通过定期的数据复盘，品牌能够在不断变化的市场中保持广告的竞争力，确保广告投放的长期成功。

（三）广告投放的ROI分析

广告投放的投资回报率（ROI，Return on Investment）是衡量广告效果的关键指标之一，通过对广告的投入和产出进行量化比较，品牌可以清晰了解广告活动是否达到了预期的经济目标。ROI的计算帮助品牌有效管理广告预算，并优化投放策略，以最大化广告的商业回报。

1.ROI的计算方法

广告投放ROI的计算公式为：

ROI=（广告收益-广告成本）/广告成本×100%

这一公式反映了品牌在广告活动中所获得的净收益与成本的比率。广告收益通常包括广告直接带来的销售收入或转化，而广告成本则包括广告制作费用、投放平台费用以及其他相关支出。较高的ROI意味着广告活动的投资效益较好，品牌通过较少的投入获得了更多的回报。

计算应用：

例如，某品牌在广告投放中花费了10万元，并通过广告产生了30万元的销售额。根据公式计算，该广告的 ROI为：

（30万-10万）/10万×100%=200%

这表明品牌通过广告活动实现了两倍于成本的收益，广告投放效果显著。

2.影响ROI的因素

广告投放的ROI受多个因素的影响，包括广告内容的质量、投放平台的选择、受众的精准度以及转化路径的优化。通过分析这些因素，品牌可以更好地理解影响ROI的关键点，从而优化广告投放策略。

因素一：广告内容的质量

优质的广告内容能够有效吸引用户的注意力，提升广告的点击率和转化率，进而提高ROI。内容的视觉设计、文案的吸引力以及信息的传递方式都对广告效果产生直接影响。

因素二：投放平台的选择

不同的投放平台对广告的ROI影响显著。社交媒体平台如微信、微博可以通过精准定向广告触达特定用户群体，而搜索引擎广告则能够根据用户的搜索意图进行精准投放。品牌需要根据目标受众的特点选择适合的平台，以确保广告投放效果最大化。

因素三：受众的精准度

广告的定向精准度直接影响到ROI。如果广告能够精准投放给目标用户群体，广告的转化率将显著提高。通过大数据分析和用户行为数据，品牌可以优化受众定位，确保广告内容能够触达对其感兴趣的用户群体。

因素四：转化路径的优化

广告点击后用户的转化路径设计对ROI至关重要。优化着陆页的布局、减少购买步骤以及提高页面加载速度都能够提升用户的转化率。品牌应定期分析用户在转化路径中的行为，及时优化以降低流失率。

3.数据驱动的ROI优化策略

通过数据分析工具，品牌可以实时监控广告的表现，并根据数据反馈调整广告投放策略。数据驱动的优化策略包括对广告内容、受众定位和投放平台的调整，从而不断提升ROI。品牌可以通过 A/B测试、用户行为分析等方法，找到最优的广告投放组合。

策略一：A/B测试

品牌可以通过A/B测试，比较不同广告版本的点击率、转化率和ROI，从而选择表现最佳的广告内容进行大规模投放。例如，通过比较两个不同的广告文案，品牌可以选择转化效果更好的文案进行后续的广告投放。

策略二：实时监控与动态调整

品牌可以通过数据分析工具对广告表现进行实时监控，并根据广告的点击率、转化率等数据，及时调整广告投放策略。例如，如果某一广告的 ROI突然下降，品牌可以立即暂停投放并分析原因，通过修改广告内容或优化受众定向策略，重新提升广告的ROI。

4.ROI的长短期衡量

广告投放的ROI可以分为短期ROI和长期ROI。短期ROI通常关注广告在较短时间内带来的直接收益，如促销活动或限时优惠期间的销售额增长。而长期ROI则关注广告对品牌形象、用户忠诚度以及市场占有率的持续影响。品牌在进行广告投放时，既要注重短期的收益提升，也要考虑长期的品牌价值积累。

策略应用：在一次促销活动中，品牌可能通过大规模的广告投放，迅速提升了短期销售额，实现了高ROI。然而，从长期来看，品牌还应考虑广告是否提高了用户的忠诚度，是否有助于品牌形象的构建。如果广告只是带来了短期的销售增长，但未能在用户中留下深刻印象，那么其长期ROI可能并不理想。

5.投资回报率与广告预算管理

广告投放的ROI直接影响品牌的预算分配和管理决策。品牌应根据不同广告活动的ROI，合理调整广告预算，将更多的资源投入高效的广告活动中，而对于ROI较低的广告活动，品牌应及时调整策略或减少投入。

预算管理策略：品牌可以通过数据分析了解各广告渠道的ROI表现，从而优化预算分配。例如，如果某广告渠道的ROI持续表现优异，品牌可以将更多的预算投入该渠道中。而对于ROI较低的渠道，品牌则可以尝试优化内容或减少预算投入，以避免资金浪费。

【本章小结】

新媒体广告与营销的核心在于通过创新的广告形式、精准的营销策略和深入的数据分析，最大化广告效果。在这一过程中，品牌不仅要掌握不同广告形式的特点，还需要通过分析用户行为、转化率等多维数据，优化广告投放策略。经典的营销案例为未来的广告活动提供了宝贵的经验，而广告效果评估中的ROI分析则帮助品牌衡量投资效益。在不断优化广告策略的过程中，品牌能够实现更高的市场回报和用户参与度。

第六章

新媒体技术与工具应用

【学习目标】

本章内容旨在让学生深入理解新媒体技术的概念和发展趋势，掌握数字媒体技术的最新动态与应用。通过学习，学生能熟练运用常见的新媒体编辑工具和平台，熟悉编辑、发布和管理新媒体内容的实际操作。同时，学生将获得运用新媒体数据分析工具的能力，利用数据驱动内容优化和用户增长策略。最后，结合技术创新实践，学生将具备将先进的新媒体技术应用于实际项目的综合能力。

一、新媒体技术概述与发展趋势

新媒体技术的快速发展彻底改变了信息的传播方式和社会的沟通形态。它结合了互联网、移动通信和多媒体技术，将信息传递、内容生产和互动体验融为一体。新媒体技术的广泛应用不仅丰富了大众的生活方式，还推动了商业模式和文化传播的深度变革。为深入理解新媒体技术的发展历程，必须从其核心概念、技术特性和未来发展趋势三个方面进行全面分析。

（一）新媒体技术的核心概念

新媒体技术涵盖了基于数字化、互联网和移动终端的所有媒体形式。它的核心特征包括高度的互动性、即时性和多样化。新媒体打破了传统媒体单向传播的限制，实现了双向或多向信息流动，用户不仅是内容的接收者，还可以通过技术手段成为内容的创造者和传播者。基于这一技术框架，用户在社交平台、短视频应用、虚拟现实等新媒体环境中，能够更加自由地表达观点、分享内容并参与互动。

（二）技术融合与新媒体的演变

新媒体技术的发展得益于多个领域技术的融合，尤其是互联网、通信和计算机技术的整合应用。随着宽带网络的普及、5G技术的商用化以及云计算和大数据技术的应用，信息的传播变得更加快捷、精准和智能。新媒体的演变可以概括为从单一的文字内容到图文结合，再到视频、音频等多媒体形式的融合。在这一过程中，用户的内容消费体验不断升级，从被动接受信息到主动参与互动。

（三）新媒体的个性化与智能化

新媒体技术通过数据分析和算法推荐，能够根据用户的兴趣和行为，提供高度个性化的内容。这一特性不仅增强了用户的黏性，还为广告营销提供了更精准的投放渠道。人工智能技术在新媒体中的应用，使得自动化内容生产和智能推荐成为可能。例如，通过用户行为数据的收集与分析，平台能够精准推荐符合用户需求的内容或产品，从而提高用户的使用体验。

（四）移动技术的崛起

随着智能手机的普及，移动技术已经成为推动新媒体发展的主要动力。移动端新媒体的便捷性、即时性和互动性使其逐渐成为用户获取信息的首选渠道。移动设备不仅使得用户可以随时随地接触到最新信息，还通过社交媒体、短视频平台等实现了多维度的互动与内容创作。如今，短视频平台如抖音、快手等的流行，进一步证明了移动技术与新媒体的紧密结合。

（五）虚拟现实与增强现实的应用

随着虚拟现实（VR）和增强现实（AR）技术的快速发展，新媒体体验进入了沉浸式交互的新阶段。VR和AR技术不仅为用户带来了全新的内容体验方式，还推动了娱乐、教育、广告等多个领域的革新。在新媒体中，虚拟现实技术可以为用户提供沉浸式的新闻报道、虚拟演唱会等体验，而增强现实则使得广告投放、产品展示更加生动和具象化。例如，许多品牌已经开始采用 AR技术进行广告营销，通过虚拟试衣、虚拟家装等方式增强用户体验。

（六）新媒体平台的多元化发展

随着技术的进步，新媒体平台的发展变得更加多元化。除了传统的社交媒体平台，音频平台（如喜马拉雅）、视频平台（如B站、爱奇艺）以及直播平台（如斗鱼、虎牙）都成为新媒体的重要组成部分。这些平台通过不同的内容形式和用户群体，满足了各类用户的需求，并为品牌营销、内容创作提供了新的传播渠道。不同平台的崛起反映了新媒体技术带来的多样化发展路径。

（七）数据隐私与安全挑战

尽管新媒体技术带来了巨大的便利和创新，也引发了关于数据隐私和信息安全的广泛讨论。随着大数据和人工智能技术的广泛应用，用户在享受个性化推荐和互动体验的同时，也面临着数据被滥用和隐私泄露的风险。因此，如何在推动新媒体技术创新的同时，保护用户的数据隐私，成为新媒体发展中的重要议题。

（八）新媒体技术的未来发展趋势

未来的新媒体技术将继续向智能化、个性化和沉浸化方向发展。随着5G网络的进一步普及，物联网技术的应用以及 AI技术的深度融合，未来新媒体将不仅仅是信息传播的媒介，还将成为人与人、人与物之间无缝连接的桥梁。特别是在娱乐、教育、医疗等领域，新媒体技术有望带来更大的革新。此外，虚拟现实、增强现实和混合现实等技术的不断成熟，将进一步推动内容创作和传播的多元化。

二、新媒体编辑工具与平台使用

随着新媒体技术的发展，编辑工具和平台的应用变得越来越普遍。这些工具极大提升了创作者的工作效率，并提供了多样化的编辑和发布功能，适应了新媒体环境下的多种需求。以下介绍几类常见的新媒体编辑工具与平台，分析它们在实践中的特点及操作方式。

（一）文本编辑工具

文本编辑工具是内容创作中的基础工具，广泛应用于文字处理、协作编辑和排版等方面。常用的文本编辑工具包括飞书和QQ文档。

1. 飞书

飞书是一款功能强大的协作平台，集成了文档编辑、即时通讯和项目管理功能，非常适合团队协作中的内容创作。其文档功能支持多人同时在线编辑，并提供了自动保存和同步的便捷功能，确保团队能够高效完成内容创作任务。飞书还具有内置的权限管理功能，帮助团队保持信息的安全性。创作者在使用飞书时，不仅可以编辑内容，还能通过多维协作实现实时沟通与反馈。

2. QQ文档

QQ文档是一款基于云端的协作工具，支持多人实时编辑和共享文档内容。它以简洁的界面和便捷的操作受到广泛欢迎，适合个人和小团队的文本创作与协作。QQ文档提供了强大的历史版本管理功能，允许用户随时回溯之前的修改记录。此外，QQ文档与QQ聊天功能无缝集成，用户能够在编辑过程中快速与团队成员沟通。使用QQ文档，团队可以随时随地进行内容创作与修改，极大提升工作效率。

（二）图片编辑工具

在新媒体内容中，图片是传递信息和提升视觉吸引力的重要元素。常见的图片编辑工具有美图秀秀和Canva，它们提供了从基础修图到高级设计的多种功能，满足了不同用户的需求。

1. 美图秀秀

美图秀秀是一款操作简单但功能丰富的图片编辑工具，专为不具备专业图片处理技能的用户设计。用户可以通过美图秀秀轻松进行图片的美化、修饰和滤镜效果添加，还支持快速的抠图和背景替换功能。特别是在自媒体内容创作中，美图秀秀可以帮助创作者快速生成吸引眼球的视觉内容，提升作品的整体质量。通过简便的界面设计，美图秀秀适合日常图片编辑需求，操作起来非常直观。

2. Canva

Canva是一款专业的在线设计工具，用户可以通过简单的拖拽操作创建海报、博客封面等多种图片内容。其丰富的设计模板和庞大的素材库使得初学者也能轻松制作出高质量的设计作品。Canva不仅适合个人创作，也支持团队协作，通过多人协同功能，团队成员可以共同完成设计项目，极大提高工作效率。Canva的跨平台支持还让创作者能够随时随地完成图片编辑任务，灵活满足不同场景的设计需求。

（三）音频编辑工具

音频在新媒体中的应用日益广泛，尤其是在播客和短音频内容的创作中。音频编辑工具能够帮助创作者优化音频质量，剪辑和添加音效，常用的工具有

Audacity和Adobe Audition。

1. Audacity

Audacity是一款开源的音频编辑工具，支持多轨音频编辑，用户可以通过该工具轻松地剪辑、混音和处理音频文件。Audacity支持多种音频格式，具有降噪、音效调节等功能，非常适合播客和音频节目制作。即使是没有专业音频制作经验的用户，也能通过Audacity快速上手进行简单的音频编辑操作。在多媒体内容创作中，Audacity常用于提升音频内容的质量，并增强用户的听觉体验。

2. Adobe Audition

Adobe Audition是专业级别的音频编辑软件，常用于电影、广播等高端音频制作领域。其功能强大，支持多轨混音、音效添加以及音频修复等操作。对于新媒体创作者来说，Adobe Audition提供了全面的音频处理工具，帮助用户制作出高质量的音频内容。通过该工具，用户可以精细调整音频细节，确保声音的质量和效果达到专业水准。Audition的广泛功能适合各种复杂音频项目的处理，尤其在内容创作中具有极高的实用价值。

（四）视频编辑工具

随着短视频平台的兴起，视频编辑工具成为内容创作中的核心部分。常用的视频编辑工具有剪映和Premiere Pro，分别适用于快速剪辑和专业视频制作。

1. 剪映

剪映是一款国内非常流行的短视频编辑工具，简单易用，特别适合抖音、快手等平台上的视频内容创作。用户可以通过剪映轻松完成视频的剪辑、字幕添加和配音操作，快速生成适合社交媒体平台发布的短视频。其界面友好，初学者可以快速上手操作，并通过内置的特效和模板库，制作出专业质感的作品。剪映的操作灵活，能够帮助创作者在短时间内完成高质量的短视频内容制作。

2. Premiere Pro

Premiere Pro是影视和广告行业中常用的专业视频编辑工具，功能涵盖了视频剪辑、色彩校正和特效制作。它支持多轨道编辑，适合处理复杂的视频项目。对于新媒体创作者来说，Premiere Pro可以帮助实现精细的视频处理，确保视频的视觉效果和剪辑流畅度。通过Premiere Pro，用户能够进行复杂的特效添

加 与 视频调色，确保最终输出的内容质量满足高标准要求。在复杂视频内容创作中，Premiere Pro的多功能支持使其成为不可或缺的工具。

（五）跨平台编辑与发布工具

新媒体内容常常需要在多个平台上同步发布，跨平台发布工具能够大大提高工作效率，常用工具包括一键发布和Buffer。

1. 一键发布

一键发布是一款支持在多个平台上同时发布内容的工具，适用于社交媒体内容创作者或企业营销人员。通过一键发布，用户可以将内容快速分发到微博、微信公众号、头条号等不同平台，节省了重复发布的时间和精力。这种同步发布的方式不仅提高了工作效率，还能扩大内容的传播范围。使用一键发布，创作者能够在短时间内覆盖多个用户群体，增强内容的影响力。

2. Buffer

Buffer是一款全球知名的社交媒体管理工具，能够帮助用户定时发布和管理多平台内容。Buffer提供的定时发布功能，使得创作者能够根据不同平台的用户活跃时间，选择最佳的发布时间，以提升内容的曝光率。它还具备强大的数据分析功能，能够帮助创作者跟踪各平台的内容表现，为下一步的策略制定提供有力支持。Buffer适合需要定期更新内容的创作者和营销团队使用，其强大的发布管理功能帮助内容创作变得更加高效。

三、新媒体数据分析工具与方法

新媒体的蓬勃发展催生了大量数据，如何有效收集、分析这些数据，成为新媒体运营中的核心问题。数据分析工具通过对用户行为、广告效果、内容表现等方面的深入分析，帮助品牌与企业做出更精准的决策。以下将介绍几款国内常用的数据分析工具，并详细探讨它们的使用方法及在新媒体环境中的实际应用。

（一）百度统计

百度统计是国内主流的免费网站分析工具，广泛应用于各种网站和新媒体平台的流量分析。通过百度统计，用户可以实时监控网站或新媒体平台的访问数据，如页面访问量、用户访问路径、停留时间、跳出率等。该工具提供了详尽的用户画像功能，通过分析用户的地域分布、访问设备、浏览习惯等数据，帮助品牌更好地了解受众。百度统计的强大之处在于它与百度搜索引擎的整合能力，使得广告主可以轻松评估其搜索广告投放效果。通过设置转化目标，用户可以跟踪具体的广告活动带来的转化效果，进而优化投放策略。此外，百度统计还支持分渠道追踪，品牌可以通过对不同来源的流量进行分析，优化内容传播渠道的选择。

（二）神策分析

神策分析是一款功能强大的用户行为分析工具，专注于帮助企业了解用户在网站或移动应用中的行为路径。神策分析通过嵌入式代码实时收集用户的点击、滑动、停留等行为数据，帮助运营者进行精细化运营与用户行为预测。该工具可以实现数据的深度挖掘，帮助品牌制定个性化的运营策略。神策分析提供了可视化的行为漏斗分析功能，能够帮助企业清晰地了解用户从进入平台到转化的各个环节，并分析每个环节中用户流失的原因。通过这些数据，运营团队可以及时调整平台界面、优化用户体验，进一步提升转化率。此外，神策分析的事件追踪功能允许品牌对特定用户行为进行持续监控，从而了解用户的真实需求。

（三）友盟+

友盟+是一款覆盖移动应用和网页分析的综合性数据平台，广泛应用于移动应用的流量、用户行为以及设备信息等的分析。友盟+的主要优势在于它的移动端数据分析功能，尤其在App推广和使用数据的采集方面表现出色。通过友盟+，品牌能够追踪App的下载量、用户留存率、活跃度等关键指标，从而帮助企业优化产品设计和运营策略。在新媒体环境中，友盟+能够帮助企业了解其应用程序的使用情况，并通过数据分析发现产品的不足。友盟+还提供了定向推送功能，企业可以根据用户行为数据制定精准的推送策略，提升用户的活跃度和转化率。同时，友盟+与第三方平台的无缝对接也为广告投放效果的评估提供了便利。

（四）GrowingIO

GrowingIO是一款无埋点的数据分析工具，主要面向互联网企业和新媒体团队。与传统的埋点工具不同，GrowingIO通过无埋点技术，能够自动收集用户在网站或移动应用上的行为数据，极大简化了数据收集的过程。其独特的无埋点技术使得数据收集更加高效、灵活，适合快速发展的互联网行业和新媒体内容团队。GrowingIO提供了丰富的可视化报表和分析工具，帮助运营者直观了解用户的行为路径和平台的整体表现。例如，通过其漏斗分析功能，品牌可以发现用户在转化过程中的薄弱环节，并针对性地进行优化。GrowingIO的多维度数据分析能力，还使得企业能够更快地做出运营决策，提升市场竞争力。

（五）熵智

熵智是一款基于大数据技术的智能分析平台，广泛应用于新媒体广告效果的监测与分析。熵智通过整合海量数据，帮助品牌全面了解广告投放的效果，并优化广告策略。该工具支持多维度的广告数据分析，能够提供从曝光量、点击率到转化率的全方位监测。

熵智平台特别擅长跨渠道的广告效果分析，无论是社交媒体广告、搜索引擎广告还是视频广告，都能通过该平台进行详细的表现评估。通过对不同渠道的广告效果进行对比分析，品牌可以更合理地分配广告预算。此外，熵智的实时监控功能允许品牌在广告投放过程中实时调整策略，以确保达到最佳的广告效果。

（六）腾讯分析

腾讯分析是腾讯推出的一款数据分析工具，广泛应用于微信公众号和小程序的内容运营中。腾讯分析提供了多样化的用户行为追踪功能，能够深入分析公众号文章的阅读量、分享率、点赞数以及用户的转化路径。对于企业或自媒体来说，腾讯分析能够帮助创作者了解内容的受欢迎程度，并根据数据调整内容策略。腾讯分析的特别之处在于其对社交传播的监测能力。通过追踪用户的分享行为，创作者可以了解到其内容在朋友圈或微信群中的传播情况，并进一步优化内容以增强传播效果。腾讯分析还提供了详细的用户画像，帮助企业了解其核心用户群体，从而为后续的内容制作提供数据支撑。

（七）数据驱动的优化策略

通过使用上述数据分析工具，品牌能够结合数据制定更加精准的内容和运营策略。首先，品牌可以根据用户行为分析，确定哪些内容最受欢迎，进而集中资源优化这些内容。其次，通过实时监控广告效果，品牌能够及时调整广告投放策略，提升广告的转化率。此外，用户画像和行为分析还能够帮助品牌进行精准营销，将广告或内容推送给最有可能产生互动的用户群体。无论是用户数据的收集还是转化路径的分析，数据分析工具在新媒体运营中的作用不可忽视。通过科学的分析和数据驱动的策略优化，品牌可以在激烈的市场竞争中获得优势，提升用户留存率和商业回报。

四、新媒体技术创新与应用实践

在新媒体迅速发展的背景下，技术创新成为驱动其持续变革的核心动力。新媒体技术的创新不仅改变了信息传播的方式，也为内容创作、用户互动和商业模式带来了颠覆性的变化。结合人工智能、大数据、5G网络等技术的应用，新媒体正不断向更加智能化、个性化、沉浸式体验的方向迈进。以下将探讨几项新媒体技术创新及其在实际应用中的实践，展示其对媒体行业和用户体验的深远影响。

（一）人工智能在内容创作中的应用

人工智能（AI）技术在新媒体内容创作中逐渐占据重要位置。通过自然语言处理（NLP）技术，AI能够自动生成文本内容，进行信息提炼和主题生成，帮助创作者提升内容生产效率。例如，AI写作工具已经能够根据关键词生成文章大纲，自动扩展主题，帮助新闻媒体和自媒体更快完成内容创作。除了文本生成，AI还可以参与图像、视频的自动生成和编辑，利用深度学习技术对图像进行自动修复、增强等处理，使得视频内容制作变得更加简便。AI的应用不仅提高了内容生产的速度，还增强了内容的个性化。例如，基于用户的历史浏览记录和兴趣偏好，AI可以精准推荐符合个人口味的文章、视频或图片内容。通过算法推荐，用户体验得以优化，而广告主也能够根据用户数据进行更加精准的广告投放。这种内容推荐系统在社交媒体平台如今日头条、抖音等中已经得到了广泛应用。

（二）虚拟现实与增强现实技术的创新

虚拟现实（VR）和增强现实（AR）技术为新媒体用户提供了全新的沉浸

式互动体验。通过VR设备，用户可以身临其境地参与到虚拟场景中，新闻报道、游戏、影视等内容因此具备了前所未有的吸引力。AR技术则通过增强现实界面，将虚拟信息叠加到现实场景中，为广告、教育、娱乐等领域提供了创新性的应用场景。例如，在广告营销领域，品牌可以利用 AR技术为消费者提供虚拟试穿、试妆体验，用户只需通过手机摄像头便可在屏幕中看到商品的实际效果，从而大幅提升购物的便利性和参与度。VR技术同样在教育和医疗等领域展现出广阔的应用前景，用户能够通过 VR技术进行远程学习或虚拟手术操作等活动。通过这种沉浸式的互动体验，内容的表达形式得到了彻底变革。

（三）5G网络推动下的实时互动

5G技术的广泛应用为新媒体的实时互动和高效传输提供了技术支持。与 4G相比，5G具备更高的传输速率和更低的延迟，这使得高清直播、实时互动和多维度的用户体验成为可能。借助5G网络，用户可以在移动设备上流畅观看 4K视频、参与多人在线互动，并通过虚拟现实设备体验实时沉浸式场景。特别是在直播行业，5G的应用极大提升了直播质量和用户参与感。通过低延迟、高带宽的支持，主播可以与观众进行更加实时的互动，观众也可以在观看直播的同时进行弹幕评论、点赞和打赏等操作，增强了用户的参与感和互动体验。5G还推动了全景视频、8K超高清直播等技术的普及，为新闻媒体、电子竞技等领域提供了全新的传播途径。

（四）区块链技术在媒体中的创新应用

区块链技术为新媒体内容的版权保护和分发提供了创新性的解决方案。在传统媒体环境中，内容的传播和版权保护往往依赖于中心化的平台或第三方机构，而区块链技术能够通过去中心化的机制，实现内容的透明化交易与追溯。通过智能合约，内容创作者可以直接与用户进行交易，确保创作收益的合理分配。区块链技术还可以用于防止信息篡改和伪造。在新闻报道和数字媒体内容的传播中，区块链可以为每一条信息生成唯一的加密标识，保证内容的真实性和可靠性。区块链技术的应用不仅为新媒体版权保护提供了新的途径，还增强了用户对内容的信任度。

（五）智能语音助手与自然交互技术

智能语音助手技术的普及，为新媒体内容消费提供了全新的交互方式。用户通过语音命令即可获取信息，或与设备进行互动，极大简化了内容的访问路径。智能语音助手如百度的“小度”、阿里的“天猫精灵”等，已经在家庭场景中被广泛应用。通过这些语音助手，用户可以用口头指令进行新闻浏览、音乐播放、视频点播等操作，提升了内容消费的便捷性。自然交互技术的发展，使得用户不再依赖于键盘或触屏，而可以通过手势、语音、眼神等方式进行交互。这为新媒体的传播与使用创造了更加自然的体验方式。未来，智能语音助手和自然交互技术有望广泛应用于汽车、家居等物联网设备中，为用户带来全场景的智能内容服务。

（六）大数据驱动的精准营销

大数据技术已成为新媒体行业不可或缺的一部分。通过对用户行为数据、社交数据、消费数据的分析，品牌能够精准定位目标受众，制定个性化的内容推送和广告投放策略。大数据分析不仅能够帮助内容创作者了解用户的兴趣和需求，还能实时调整内容策略，提升内容传播效果。例如，社交平台通过对用户的点赞、评论、分享等行为数据进行深度分析，能够推测出用户的兴趣偏好，进而推荐相应的内容。大数据还广泛应用于广告投放中，通过对用户历史数据的分析，广告主可以制定精准的营销策略，将广告内容推送给最有可能产生互动的用户群体，提升广告的转化率。

（七）技术创新驱动下的新媒体未来

随着技术的不断创新和融合，新媒体的未来充满了无限可能。AI、AR、区块链等技术的成熟，将使新媒体平台更加智能化、互动化。内容创作、传播和消费的模式将不断更新，用户体验也将更加个性化和沉浸式。

创新技术的应用不仅为媒体行业带来了新的发展机会，也提出了新的挑战。如何平衡技术创新与隐私保护、如何避免信息泛滥和内容同质化等问题，将成为新媒体行业未来需要解决的重要课题。

【本章小结】

本章通过对新媒体技术与工具应用的详细分析，展示了现代新媒体领域中的关键技术与应用实践。从新媒体技术的概述与发展趋势，到编辑工具的使用和数据分析方法，再到技术创新的应用，各方面内容深入探讨了技术如何推动新媒体行业的变革与进步。本章内容不仅帮助学生理解了新媒体技术的核心概念，也提供了具体的应用实例和创新策略，进一步拓宽了技术在实际操作中的应用场景，帮助学生掌握新媒体领域的关键技能。

第七章
新媒体传播伦理与法规

【学习目标】

通过本章的学习，学生将深入了解新媒体传播中的伦理与法律问题，掌握如何在信息传播中确保内容的真实性与道德责任。同时，学生将学习如何保护用户隐私和数据安全，分析网络暴力及内容审查的相关挑战。通过典型的法律和伦理案例分析，学生将理解新媒体领域的法律框架和版权保护，结合国际比较启示，掌握应对新媒体发展中伦理争议的解决方法，从而具备合法合规的传播能力。

一、新媒体伦理问题

在信息传播的时代，新媒体带来了前所未有的沟通方式，同时也引发了许多伦理问题。信息真实性、用户隐私保护和网络暴力等问题成为新媒体运营中的核心挑战。每一项内容的发布都关乎公众的信任和社会的稳定，因此，如何确保新媒体环境中的责任承担和道德规范，是本节讨论的重点。通过具体案例分析，学生将学会如何在实践中平衡创新与伦理。

（一）信息真实性与责任

随着社交媒体和数字平台的兴起，信息传播速度空前加快，虚假信息的扩散也变得更加容易。这不仅破坏了公众对信息的信任，还可能引发社会恐慌、误导公众决策，甚至导致严重的法律问题。因此，新媒体内容的创作者和传播者在确保信息的准确性和真实性方面承担着重要责任。无论是新闻媒体还是自媒体，都需要在发布内容时对信息来源进行严格核查，避免发布虚假、误导或未经证实的内容。

信息的真实性对于维护公众信任至关重要。用户在获取信息时，依赖于传播者提供的内容来做出日常决策，包括健康、消费、教育等各个方面。虚假信息不仅会影响个人决策，还可能对整个社会产生负面影响。例如，假新闻的传播会加剧社会的焦虑和不安，虚假医疗信息可能对公众健康造成威胁，甚至导致人们做出危险的选择。因此，信息的真实性是新媒体传播的基石。

确保信息真实性的一个重要方面是对信息来源进行多方验证。许多自媒体或社交媒体平台用户往往未经核实就分享内容，导致虚假信息的快速传播。新媒体平台应承担起社会责任，建立严格的审核机制，确保发布的信息符合真实性标准。此外，信息传播者也应具备强烈的职业道德意识，尊重事实，避免为了追求流量或商业利益而发布不实内容。

虚假信息的传播在新媒体环境下变得尤为复杂。社交媒体平台上的信息往往通过用户之间的分享、转发迅速传播，这一机制加剧了虚假信息的扩散。尤其是利用点击率和转发量作为衡量内容成功的标准时，一些虚假或夸大的信息容易获得更高的传播率，导致公众难以辨别真假。

新媒体平台的算法推荐机制也是加速虚假信息传播的因素之一。通过分析用户的兴趣和偏好，算法推荐系统往往会优先推送那些容易引起情感共鸣的内容，而这些内容有时恰恰是经过夸大或扭曲的虚假信息。因此，平台在设计推荐算法时，必须考虑到信息真实性的保障，避免因推荐机制而放大虚假信息的影响。同时，新媒体传播者必须认识到，他们在信息传播过程中所承担的伦理责任。任何传播行为都应以尊重事实为基础，不得故意歪曲事实或进行误导性宣传。信息传播的伦理责任体现在内容创作的各个环节，包括信息的收集、整理、发布和推广。创作者不仅要对信息的准确性负责，还应主动披露信息的来源，并在发布可能引发误解或争议的内容时进行适当的背景说明。此外，平台运营方也应承担起监管责任，建立有效的内容审核机制。随着技术的发展，许多平台已经开始使用人工智能和机器学习技术来自动检测虚假信息，并采取相应措施，例如标记、限流甚至删除不实内容。然而，技术手段的应用还需要辅以人工干预，以确保信息审核的准确性和公平性。平台的社会责任不仅在于防止虚假信息的传播，还应保护用户的知情权，确保他们能够获得真实、可靠的信息。

全球各国和地区都在积极探索打击虚假信息的有效措施。例如，欧盟通过了《数字服务法案》（DSA），要求各大社交平台对虚假信息进行严格监管，并对不履行责任的企业施加罚款。美国则通过《通信规范法》第230条规定，赋予社交媒体平台一定的法律豁免权，同时鼓励平台加强自我监管。各国的经验表明，打击虚假信息不仅需要依靠法律法规的制定和执行，还需要社会各界的共同努力，包括平台、政府和公众的积极参与。

在中国，政府和企业也在共同努力，打击虚假信息传播。网络平台普遍加强了内容审核机制，采用人工和机器相结合的方式，对发布的信息进行实时审核。同时，政府部门出台了多项法律法规，明确了信息传播中的法律责任。例如，《网络安全法》规定，网络运营者必须对发布的内容进行审核，确保信息的合法性和真实性。

新技术的应用为维护信息真实性提供了更多手段。例如，区块链技术的去中心化特性可以确保信息在传播过程中的不可篡改性，有效防止信息在传播过程中被恶意篡改。同时，人工智能技术也可以通过对大量数据的分析，快速识别虚假信息并采取行动。然而，技术手段虽然为打击虚假信息提供了支持，但并不能完全替代人的判断。因此，信息传播者和平台运营者在依赖技术的同时，也必须保持对内容的严格审核和道德责任感。

技术的发展还带来了另一项挑战，即深度伪造（deepfake）技术的广泛应用。这种技术可以通过人工智能生成逼真的虚假视频或音频内容，进一步加剧了虚假信息的泛滥。新媒体平台在应对深度伪造内容时，需要依赖更加复杂的技术手段，如深度学习模型的训练与应用，以识别虚假内容。同时，公众也需要具备更高的媒介素养，以增强对虚假信息的警觉性和判断力。

信息真实性问题不仅是传播者和平台的责任，也与公众的媒介素养密切相关。提高公众对信息的鉴别能力，是解决虚假信息问题的重要路径之一。教育机构和媒体应加强公众的媒介素养教育，帮助用户掌握信息来源的判断技巧，了解如何辨别虚假信息。此外，公众还应学会批判性思维，在面对未经验证的信息时保持怀疑态度，不轻易相信或转发未经证实的内容。尤其是在重大新闻事件或社会危机中，公众应通过正规渠道获取信息，避免被谣言或虚假信息误导。只有通过全社会的共同努力，才能有效遏制虚假信息的传播，维护新媒体环境的健康发展。

（二）用户隐私与数据安全

用户隐私主要是指个人信息不被他人非法获取、披露或利用的权利。在新媒体环境下，用户的隐私包括但不限于个人身份信息（如姓名、身份证号、地址等）、行为数据（如浏览记录、点击习惯等）、位置数据（如GPS信息）以及社交网络中的交互信息（如好友列表、聊天记录等）。这些数据通过各种技术手段被新媒体平台收集，并用于广告定向投放、个性化推荐等商业目的。然而，用户在享受这些个性化服务的同时，往往对其隐私被收集和使用的方式缺乏足够的了解。一些平台没有明确告知用户其数据被如何使用，甚至未经用户同意就收集、共享或出售这些信息，严重侵犯了用户的隐私权。这种情况下，用户隐私的保护变得尤为重要。

随着新媒体的迅猛发展，数据安全问题变得更加复杂和多样化。平台对用户数据的收集和存储量急剧增加，而这些数据一旦遭到泄露或滥用，可能会带来严重后果。例如，黑客攻击、数据库泄露、恶意软件等网络安全威胁使得大量个人信息可能被非法获取和使用，给用户带来身份盗窃、金融诈骗等风险。数据泄露的原因很多，其中包括平台的安全防护措施不力、员工内部管理不当、技术漏洞被恶意利用等。此外，一些平台缺乏对用户数据的合理加密和保护机制，使得用户信息在传输和存储过程中容易被第三方拦截或篡改。为应对这些挑战，新媒体平台需要不断升级其安全防护体系，包括数据加密、访问控制、风险监控等技术手段，确保用户数据在全生命周期中的安全性。

在新媒体领域，用户数据的合法使用和透明性是隐私保护的核心议题。平台在收集用户数据时，必须遵循合法、透明、知情同意的原则。用户应当清楚了解其数据将被如何使用，并有权决定是否同意这些使用方式。用户隐私政策的透明性，要求平台在数据收集和使用过程中提供清晰的说明，避免模糊或误导性条款，确保用户能够做出知情选择。然而，现实情况往往是，许多平台的用户协议过于复杂，用户很难完全理解其隐私权利及数据使用的具体情况。一些平台可能会滥用用户同意的条款，将用户数据用于超出其预期的用途，甚至与第三方共享或出售这些信息。因此，平台必须确保用户能够方便地访问其隐私政策，并提供简明易懂的解释，帮助用户了解并掌控自己的隐私权。

新媒体平台在用户隐私和数据安全保护中，除了法律合规和政策透明外，还需要依赖技术手段来实现。加密技术是保护用户数据安全的重要工具之一。通过加密技术，用户的个人信息在传输和存储过程中得到有效保护，防止未经授权的访问或篡改。常见的加密方式包括对称加密、非对称加密和哈希算法等，平台可根据不同的数据类型和安全需求选择合适的加密技术。此外，数据脱敏技术也广泛应用于隐私保护中。数据脱敏指的是在不影响数据整体使用价值的前提下，通过技术手段将个人敏感信息屏蔽或模糊化处理。这样，平台在处理或共享数据时，能够有效减少用户隐私被泄露的风险。

此外，平台还应采用匿名化技术，确保用户的个人数据在分析和使用过程中无法与其真实身份直接关联，从而保护用户隐私。但是，即便有了较为完备的隐私保护技术和策略，数据泄露的风险依然不可避免。因此，平台还需建立完善的数据泄露应对机制，以减少泄露事件发生时对用户造成的损害。一旦发生数据泄露，平台应当迅速采取措施，包括向用户发出通知、查明泄露原因、堵住安全漏洞等。同时，平台还应与相关监管部门和安全机构合作，追查并打击数据泄露的源头。此外，平台还应建立用户数据备份和恢复机制。在数据被非法删除或篡改的情况下，平台能够通过备份恢复数据，确保业务连续性，并减少因数据丢失带来的损失。数据泄露事件的应对不仅需要技术支持，也需要清晰的管理流程和跨部门协作机制，以确保平台在危机中能够迅速反应并有效控制风险。

用户隐私和数据安全不仅依赖于技术和平台的自律，还需要法律法规的约束和保护。近年来，全球多个国家和地区都出台了相关法律，对用户隐私保护和数据使用进行了详细规定。例如，欧盟的《通用数据保护条例》（GDPR）对数据收集、使用、存储、处理等环节进行了严格的规范，要求平台在处理用户数据时必须获得用户明确的同意，并确保用户有权随时撤销这一同意。中国在用户隐私和数据保护方面也逐步加强了法律建设。根据《网络安全法》及相关规定，平台必须采取技术和管理手段保护用户个人信息的安全，并在用户明确同意的前提下进行数据收集和使用。除此之外，平台还需定期进行安全风险评估，建立完善的隐私保护制度，以应对可能出现的安全隐患和法律风险。

除了平台的技术防护和法律保障，用户隐私的保护还需要提升用户的自主权和隐私意识。用户应当了解自己的隐私权，并主动行使对个人数据的控制权。这包括在使用新媒体服务时，仔细阅读隐私条款，明确数据使用的范围，并合理设置隐私权限，减少不必要的数据共享。同时，用户也应定期检查和更新自己的隐私设置，确保其数据的安全性。另外，隐私教育在提升用户隐私意识中也扮演着重要角色。学校、媒体和企业应共同推动隐私保护的普及教育，帮助用户了解网络隐私的基本概念和保护措施。通过隐私教育，用户将具备更强的辨别能力，能够更好地判断何时应共享个人信息，何时应保护隐私，进而减少个人数据泄露的风险。

（三）网络暴力与内容审查

网络暴力和内容审查是新媒体时代的显著伦理问题，尤其在社交媒体、论坛及其他用户生成内容的平台上，这些问题显得尤为突出。

网络暴力是指通过互联网对个体或群体实施的恶意攻击、侮辱、谩骂、诽谤或威胁等行为。它不同于传统形式的暴力，具有匿名性、传播快、影响广等特点。网络暴力不仅局限于言语攻击，还可能表现为图片或视频等形式。例如，在社交媒体上，人们可能会通过言语攻击、恶意评论、诽谤内容的分享等方式对某一特定个体或群体造成心理和情感上的伤害。尤其是公众人物、未成年人和弱势群体，常常成为网络暴力的主要受害者。此外，网络暴力往往伴随着集体行为。在互联网的匿名性保护下，个体可能因从众心理参与对他人的攻击，甚至以谩骂、诋毁为娱乐。由于网络的传播速度和范围广泛，暴力内容会迅速扩散，放大对受害者的伤害。有时，受害者可能因长期的网络暴力产生抑郁、焦虑甚至自杀等严重后果，社会也因此付出沉重的代价。

网络暴力的产生有多方面的心理和社会因素。首先，匿名性是网络暴力的主要推动力之一。用户可以在虚拟世界中隐藏身份，减少对其言论行为后果的直接责任感，这使得许多人在网络环境下更容易做出攻击性行为。其次，从众心理也在网络暴力中起到了推波助澜的作用。当一部分人开始攻击某个对象时，其他用户往往会在群体氛围中盲目跟随，形成集体暴力。社会文化也是网络暴力的一个深层次原因。在许多社交媒体平台上，极端言论和对立情绪往往容易吸引更多关注和互动。因此，一些用户为了获取更多的点赞和转发，会刻意发表挑衅性、攻击性或极端化的言论。这种社交货币的驱动，使得网络暴力在某些社区中得到了“激励”。

为了应对网络暴力和恶意内容的扩散，新媒体平台通常引入内容审查机制。内容审查的主要目的是防止暴力、仇恨言论、色情、诽谤等不当内容的传播，保护用户免受不良信息的侵害。然而，内容审查机制在执行过程中需要平衡言论自由与内容监管之间的矛盾，确保既能够有效控制不当内容，又不过度干涉用户的正常交流。

内容审查机制通常分为人工审查和自动化审查两类。人工审查依赖于平台的工作人员或外部审核员，对用户举报或系统检测到的问题内容进行核实和处理。这种方法虽然准确性较高，但由于人力资源的限制，面对海量的用户生成内容时，反应速度和效率相对较低。

自动化审查则依赖于机器学习和人工智能技术，系统会根据预设的规则自动识别并删除涉嫌违法或不当的内容。例如，AI可以通过关键词过滤、图像识别技术检测暴力或色情内容，并将其标记或直接删除。虽然自动化审查的效率高、覆盖面广，但它的准确性仍然存在一定问题。由于语言和图像表达的复杂性，系统可能会误判正常内容为违规，或者漏掉真正的不当内容。

尽管内容审查在维护网络秩序和用户安全方面发挥了重要作用，但其也带来了许多伦理挑战。首先是言论自由与审查的冲突。社交平台上的言论自由是用户表达自我、参与公共讨论的基本权利，但内容审查可能因为误判或过度管控，导致合法的言论被限制或删除。尤其在涉及政治、宗教或社会敏感话题时，审查标准的设定和执行可能引发争议，甚至被认为是对言论自由的打压。其次，内容审查的透明度也是一个重要问题。平台的审查机制往往缺乏足够的透明度，用户并不清楚其内容为何被删除或限制。平台通常也不会详细解释审查标准和流程，导致用户对审查行为感到困惑和不满。这种不透明的审查机制可能损害用户对平台的信任。

全球各国在应对网络暴力和内容审查问题上采取了不同的措施。例如，欧盟出台了《数字服务法案》，要求社交媒体平台对仇恨言论和虚假信息等不当内容进行严格监管，并对违规行为采取罚款等惩罚措施。在美国，虽然《通信规范法》第230条赋予了平台一定的法律豁免权，但政府仍然鼓励平台加强自我监管，防止不当内容的传播。对于新媒体平台而言，承担社会责任、保护用户权益是其义不容辞的义务。除了建立完善的内容审查机制，平台还应加大对用户的教育，培养良好的网络文明，倡导尊重他人的言论方式。此外，平台可以与政府、非政府组织合作，提供心理援助和法律支持，帮助网络暴力的受害者获得及时的帮助与保护。

在应对网络暴力与不当内容时，单靠技术或法律手段难以实现全面治理。技术手段如AI审查系统在内容识别和处理上提供了快速的响应能力，但它的准确性仍然需要不断优化。同时，法律法规的制定与执行对平台的监管和惩戒具有约束力，但也需避免过度干预言论自由。因此，平台在制定内容审查策略时，应结合技术与法律的双重治理，以最大限度地实现公平、公正的内容管理。同时，平台也应探索新的内容管理模式，如设立独立的审查委员会，接受公众和专家的监督，确保审查过程的公正性与透明性。在一些极端内容的审查中，平台可以借助多方意见，进行更为细致的分析与判断。

除了平台和政府的责任，用户自身也应对网络暴力和不当内容承担一定责任。每个用户都应具备良好的网络素养，能够理性、文明地参与讨论。社区规范的制定和执行可以帮助用户在互动中遵守基本的道德和法律底线。平台应通过明确的社区准则来规范用户行为，并建立有效的举报机制，使用户能够对不当内容和行为进行监督与反馈。用户教育同样重要。平台可以通过设置警示信息、开展网络素养课程等方式，增强用户的责任意识，鼓励用户在发言时尊重他人，避免情绪化的言论和攻击行为。通过共同努力，网络空间将变得更加健康、有序。

二、新媒体法律与伦理案例分析

新媒体的发展伴随着复杂的法律和伦理问题。本节将通过对典型法律案例的分析，展示新媒体中法律与道德冲突的具体情形。学生将学习如何运用法律手段解决实际问题，同时探讨伦理争议的调解方式，并通过对国际案例的比较，理解不同国家在应对新媒体伦理问题时的策略。通过学习，学生将能够在法律与道德的框架下，合理应对新媒体运营中的挑战。

（一）典型法律案例

在新媒体法律与伦理的讨论中，典型的法律案例为我们提供了更为具体的理解与启示。这些案件展现了在快速发展的新媒体环境中，法律如何适应并规范新兴的技术和商业模式。通过审理这些案件，法院不仅回应了社会对法律公正的需求，也为未来类似案件的判决提供了参考和指导。以下为几个典型的国内案例，展示了新媒体领域中的主要法律问题及其应对。

1. 信息网络传播权侵权案

一个具有开创性的案例是“杭州华泰一媒文化传媒有限公司诉深圳市道同科技发展有限公司侵害作品信息网络传播权案”。在这个案件中，华泰公司指控道同公司未经许可在其运营的网站上发布华泰公司享有著作权的作品，构成信息网络传播权的侵害。华泰公司通过区块链技术存证其电子证据，这也是全国首例采用区块链技术存证的著作权侵权案件。法院判定道同公司赔偿华泰公司经济损失，并确认了区块链技术在电子证据中的法律效力。该案例展示了如何通过技术手段应对新媒体环境中的侵权行为。随着互联网的发展，侵权行为的取证和追责变得更加复杂，而区块链等新技术为电子证据的存储与认证提供了有效手段。未来，区块链技术可能会在更多领域被应用，提升法律应对新兴技术带来的复杂问题的能力。

2. “AI换脸”侵犯个人信息案

2023年杭州的“AI换脸”案件成为新媒体隐私保护的一个重要案例。该案中，虞某利用深度合成技术非法获取众多用户的人脸信息，并将这些信息应用于淫秽视频制作中，随后在网络上进行传播。值得注意的是，该案件不仅涉及侵犯个体的隐私权和人格权，还严重破坏了网络公共秩序。最终，法院判决虞某承担民事责任，要求其停止侵权、赔偿损失并公开道歉。此案的关键在于法庭明确指出技术本身中立，但其应用者需遵守法律和伦理规范，避免技术的滥用。该案件展示了在新媒体环境下，个人信息特别是人脸数据的敏感性。随着 AI和深度合成技术的发展，用户的隐私和个人信息面临前所未有的挑战。这一案件为未来类似的技术应用设定了法律规制的先例，也表明了政府和法律系统在保护个人信息及公共利益方面的决心。

3. 网络游戏账号纠纷案

另一个典型案例是“胡某诉某（北京）科技公司网络服务合同纠纷案”。在此案中，胡某的游戏账号因代理权转移发生了争议。游戏运营商在未完全核实身份信息的情况下，将原告的账号判定为第三方所有，并封禁了原告的账号。法院判决认为，网络游戏账号属于虚拟财产，用户对其享有合法权利，未经用户同意，平台无权封禁或修改其账号及数据。最终，法院判定运营商构成违约，要求恢复原告的账号使用权。此案明确了用户在虚拟财产领域的权利，特别是在网络游戏中。随着数字资产的价值不断攀升，虚拟财产的法律地位越来越受到重视。平台在处理用户账号纠纷时，必须严格按照合同约定，保障用户的合法权益。该案例为虚拟财产的保护奠定了法律基础，也为未来相关纠纷提供了判决依据。

4. 宁波直播带货诈骗案

2023年，宁波警方侦破了一起以网络直播培训为掩护的诈骗案。在此案中，李某等人通过网络传媒公司联系“网红”主播，利用带货直播间的页面低价销售“网红教学素材”，并要求用户提供个人信息以完成购买。实际上，李某等人并未提供真实的培训服务，而是将用户的个人信息出售给诈骗团伙，后者通过这些信息对用户实施精准诈骗。警方最终抓获了 12名犯罪嫌疑人，涉案金额高达 560余万元。这个案件揭示了在新媒体电商领域，个人信息保护和欺诈行为之间的冲突。随着直播带货和网络培训的兴起，消费者不仅容易受到虚假宣传的诱导，还可能面临个人信息泄露的风险。这一案件提醒平台和监管机构必须加强对个人信息的保护和商业模式的监督，确保用户权益不受侵犯。

（二）伦理争议与解决方法

新媒体传播在推动社会信息化和沟通便利的同时，也带来了许多伦理争议。这些争议不仅涉及隐私保护、信息真实性、网络暴力等问题，还包括如何平衡言论自由与社会责任、技术创新与道德约束之间的关系。伦理争议在新媒体环境中尤为突出，因为传播的范围更广，速度更快，影响力更深远。以下内容探讨了新媒体伦理争议的主要领域及其应对方法。

1.言论自由与内容审查的争议

言论自由是公民在新媒体平台上表达意见的基本权利，然而，如何平衡言论自由与内容审查的界限成为新媒体伦理中的重大争议。尤其是在涉及社会敏感问题时，平台的内容审查机制常常面临指责，有时被认为过度干预了合法言论的表达。内容审查的合理性受到广泛质疑，特别是在政治、宗教和社会话题的讨论中，平台是否恰当地管理用户言论，成为争议的焦点。解决这一争议的方法主要依赖于平台的透明度和审查规则的公开性。平台应设立公开透明的内容审查标准，确保用户对其言论是否会被删除或屏蔽有明确的预期。同时，平台应通过设立申诉机制，让用户对不公平的审查行为进行反馈和纠正。法律监管机构也应当介入，监督平台的内容管理行为，确保言论自由与社会公共秩序的平衡得到维护。

2.隐私保护与数据共享的伦理争议

隐私保护与数据共享的伦理争议在新媒体时代尤为突出。用户的个人信息成为商业化运作的重要资源，平台通过收集、分析和共享用户数据来提供个性化服务和广告定向投放。然而，这一过程常常伴随着隐私泄露的风险，用户的数据可能被滥用或非法出售，导致个人信息的过度曝光。在解决这一争议时，隐私保护法律的完善和用户知情同意机制的增强至关重要。平台在收集用户数据时，应当明确告知用户数据的用途、保存时间及共享范围，并在使用数据前获得用户的知情同意。与此同时，法律法规的建立也至关重要，确保平台在使用和共享数据时遵循合法、透明和合理的原则。例如，《中华人民共和国个人信息保护法》为用户的隐私权益提供了法律保护，要求平台在处理用户数据时必须遵守严格的规定，防止滥用行为。

3. 网络暴力与自由言论的冲突

随着新媒体的快速发展，网络暴力成为社会关注的焦点。网络暴力不仅对个人造成严重的心理和情感伤害，也损害了网络环境的健康发展。然而，如何在保护受害者免受网络暴力侵害的同时，保障其他用户的言论自由，成了一个复杂的伦理问题。一方面，平台需要及时删除侮辱性、诽谤性内容，并采取措施防止网络暴力的扩散；另一方面，过度的言论管控可能会妨碍正常的言论交流，甚至引发对言论自由的质疑。在解决这一伦理争议时，平台可以引入技术手段和法律法规的双重治理。例如，利用人工智能技术识别并拦截恶意评论，同时加强法律对网络暴力行为的惩罚力度，通过司法途径对网络暴力行为进行严厉打击。此外，平台还应加强用户教育，培养网络文明意识，让用户在行使言论自由时尊重他人。

4. 技术中立与技术应用的道德争议

技术中立性是指技术本身不具备道德倾向，技术的道德影响取决于其应用场景。然而，随着新媒体技术的迅速发展，许多技术的应用引发了严重的伦理争议。例如，AI生成内容、深度伪造技术（deepfake）等被广泛应用于媒体和娱乐行业，但这些技术也可能被用于伪造他人身份、传播虚假信息，甚至进行犯罪活动。技术的中立性因此成为伦理争议的核心：应如何限制或管理这些技术的应用，以防止其被滥用？在应对这一问题时，技术与伦理的结合是必不可少的。首先，技术开发者在设计和开发新技术时，应当考虑到其潜在的道德影响，避免为违法行为或社会不公提供技术支持。其次，政府和社会应加强对技术应用的监管，通过法律规定对技术使用进行规范，并设立相应的技术伦理准则，确保技术创新的同时，不损害公共利益和个人权益。例如，近年来对 AI技术在个人隐私、言论自由等方面的影响展开了广泛讨论，各国也出台了相关法律法规对其进行规范，推动技术的合规使用。

5. 商业利益与公众利益的矛盾

新媒体平台在追求商业利益的过程中，常常面临如何平衡商业利益与公众利益的伦理争议。为了增加广告收入，平台往往会通过数据分析、个性化推送等方式，提升用户的黏性。然而，这种模式可能导致内容的偏颇与失衡，用户可能会因为信息茧房效应而无法获得全面、客观的信息。这种利益导向型的内容推送机制可能会在一定程度上损害公众的知情权，并加剧社会分化。要解决这一争议，平台应遵循“公众利益优先”的原则，在商业化运作的同时，确保信息传播的客观性和全面性。政府和监管机构也应介入监督，要求平台在推送内容时，注重社会责任和公众利益，不得仅以商业收益为导向。例如，一些平台已经开始推出“负责任的广告推送”政策，通过控制广告和内容推送的频率，确保用户获得更多元化的信息内容，减少信息茧房效应对社会的负面影响。

6. 国际伦理标准的差异与跨国纠纷

新媒体伦理问题还涉及国际层面的争议。不同国家和地区对新媒体伦理问题的处理方式可能存在显著差异。例如，一些国家对隐私保护的标准较为严格，而另一些国家则更关注言论自由的保障。这种国际伦理标准的差异，常常引发跨国平台在处理用户隐私、言论自由等问题时的纠纷。解决此类伦理争议的方法，除了依赖各国政府的立法与监管合作之外，平台本身也应制定全球通用的伦理标准，并在具体操作中尊重各国的文化与法律差异。例如，跨国平台在进入某一新市场时，应充分了解该国的法律法规和伦理标准，并对其内容政策进行相应的调整。通过建立全球统一的伦理框架，同时尊重本地文化和法律，跨国平台可以在国际范围内更好地平衡不同国家的伦理要求。

（三）国际比较与启示

新媒体的快速发展在全球范围内引发了大量的法律和伦理问题。各国对新媒体平台的监管方式和法律规范各不相同，既反映了各国的政治制度和社会文化，也反映了技术进步和公众需求的差异。

1. 美国：平衡言论自由与平台责任

美国在新媒体领域的法律体系以《通信规范法》第230条为核心，该法律赋予互联网平台在用户生成内容的管理方面较大的自由，同时为平台提供了法律豁免权。《通信规范法》规定，平台对用户发布的内容不承担直接的法律责任，除非涉及明确的违法行为如仇恨言论、色情或暴力内容。这一法律在保障言论自由方面发挥了重要作用，确保了互联网平台不会因用户言论遭受过多的法律诉讼。然而，随着社交媒体对社会的影响日益加大，关于平台责任的讨论也逐渐升温。近年来，美国立法机构和公众呼吁修订第230条，特别是在处理虚假信息和仇恨言论方面加强平台责任。例如，在2020年总统选举期间，针对社交平台散布虚假信息的质疑，美国政府进一步强调平台在内容审核中的责任，呼吁加强对虚假信息和选举干扰的监管。这一背景下，美国的平台责任制度逐步向更多监管方向转变。

美国的经验表明，平台的言论自由保障与社会责任之间存在微妙的平衡。虽然言论自由是互联网繁荣的重要基础，但平台必须承担一定的责任，特别是在处理虚假信息和仇恨言论时。对于中国而言，在发展新媒体平台时，平台的法律豁免权可以在适当条件下设置，但应更加注重对内容的审核和监管，确保信息的真实性和安全性。

2. 欧盟：GDPR与隐私保护的典范

欧盟的《通用数据保护条例》（GDPR）被广泛认为是全球隐私保护领域的典范。GDPR自2018年生效以来，欧盟要求平台必须在处理用户个人数据时获得用户的明确同意，并给予用户对个人数据的控制权，包括访问、修改、删除和转移数据的权利。任何违反该法规的平台都可能面临高额罚款，确保了法律的有效执行。GDPR还提出了“数据最小化”的原则，即平台只能收集和处理为实现特定目的所必需的最少数据量。这有效防止了平台滥用个人数据，特别是在广告定向投放和数据共享等商业领域。此外，GDPR还要求平台在数据泄露事件发生时，必须及时向监管机构报告并通知受影响的用户。这种高度透明和严格的法律要求，极大提升了公众对数据隐私的保护意识。

欧盟的GDPR为中国的《中华人民共和国个人信息保护法》提供了借鉴。在推动新媒体行业发展的同时，中国也应加强对用户隐私的保护，确保用户在个人数据的使用和控制方面拥有充分的知情权和选择权。同时，中国可以借鉴欧盟的数据最小化原则，减少平台对用户数据的过度收集，从而降低潜在的隐私风险。

3. 韩国：虚假信息与诽谤的严厉处罚

韩国在虚假信息和网络诽谤的法律规制上采取了较为严格的措施。根据韩国的《信息通信网络法》，如果任何个人或组织通过网络传播虚假信息或对他人进行诽谤，不仅会面临刑事责任，还可能被处以高额罚款。这一法律特别针对那些通过网络进行恶意攻击和诽谤的行为，尤其是在网络社区和社交媒体上，有效地抑制了虚假信息和网络暴力的扩散。此外，韩国还建立了实名制制度，要求用户在某些特定的网站和平台上必须以真实身份注册，这进一步减少了匿名用户的恶意行为。虽然这一措施在实施过程中引发了对隐私权和言论自由的担忧，但其确实在遏制虚假信息传播和网络暴力方面取得了积极效果。韩国的经验表明，对于虚假信息和网络诽谤行为，必须采取严格的法律惩罚措施，同时鼓励平台配合国家的监管要求。这一点对于中国同样重要，特别是在社交媒体平台的虚假信息管理上，法律的介入与平台自律相结合，将有助于塑造更加健康的网络环境。

4. 日本：软性监管与平台自律

与韩国和欧盟相比，日本在新媒体监管上的态度较为宽松，更多依赖平台自律和行业规范。日本政府鼓励互联网企业与行业协会合作，制定适当的内容审核标准和隐私保护政策。例如，日本的互联网行业协会与主要的社交媒体平台达成合作协议，共同制订了一系列行业守则，涵盖了用户隐私保护、内容管理以及用户举报机制等方面。这些行业守则虽然并不具有强制性，但其执行效果相对较好。日本政府的这一软性监管模式具有较高的灵活性，能够迅速适应新技术和新媒体的发展需求。然而，这种方式也存在一定的局限性，即在面对复杂的伦理和法律问题时，平台自律可能难以应对所有挑战。因此，在隐私保护、虚假信息传播等问题上，仍需更多的法律法规进行补充。

日本的软性监管模式为中国提供了平台自律的启发。政府可以通过设立行业标准，推动平台的自我监管，减少对市场的过度干预。然而，平台自律不能完全替代法律监督，政府仍需在关键领域设置明确的法律框架，以确保平台能够在自律与法律责任之间找到平衡。

5. 中国：加强依法治网的实践

近年来，中国在新媒体法律与伦理监管方面采取了积极的措施。特别是《网络安全法》《中华人民共和国数据安全法》《中华人民共和国个人信息保护法》等法律的相继出台，为新媒体平台的运营设定了更加明确的法律框架。这些法律规定了平台在数据处理、内容审查、网络安全等方面的责任，确保平台在提供服务的同时保障用户的合法权益。中国还通过国家网信办等监管机构，定期发布关于新媒体行业的监管指南，并与平台合作，建立举报机制、用户隐私保护机制以及虚假信息过滤系统。这些举措有效提升了新媒体行业的法治化水平，也为全球互联网治理贡献了中国经验。

三、新媒体相关法律法规

新媒体的迅速发展促使相关法律法规不断完善。本节将探讨新媒体法律框架的构建，尤其是在版权和隐私保护领域的法规演进。通过对现行法律的剖析，学生将了解新媒体运营中的合规要求，并学习如何在内容生产与传播中保护版权和用户隐私。结合具体法规解读，学生将能够有效预防和应对新媒体环境中的法律风险，确保传播行为的合法性。

（一）新媒体法律框架

新媒体在中国的迅速发展推动了相关法律法规的出台和完善，确保了在这一复杂且快速变化的环境中，数据安全、隐私保护和信息传播的合法合规性。中国通过一系列法律法规，如《网络安全法》《中华人民共和国个人信息保护法》和《中华人民共和国数据安全法》，建立了覆盖新媒体运营的法律框架，这不仅规范了平台的行为，也为用户权益提供了有效保障。

1.《中华人民共和国网络安全法》

《中华人民共和国网络安全法》是中国网络空间治理的核心法律之一，于2017年6月1日生效。这部法律强调了网络运营者的责任，特别是在用户数据的保护和网络安全防护方面。网络运营者必须采取措施防止数据泄露、篡改或丢失，且在发现安全漏洞时需要及时采取补救措施。法律规定，新媒体平台必须对其网络基础设施和重要数据进行安全检测，并且需要根据规定保存用户活动日志至少六个月。此外，平台还必须加强对用户个人信息的保护，未经用户同意，不得向第三方提供其个人信息。此法律为新媒体平台的合规运营奠定了基础，为数据安全提供了法律保障。

2.《中华人民共和国个人信息保护法》

《中华人民共和国个人信息保护法》自2021年11月1日起正式实施，成为中国隐私保护领域的标志性立法。该法规定，个人信息的处理活动必须基于合法、正当、必要的原则，并且要求平台在处理个人信息时，必须事先取得用户的明示同意。法律赋予用户广泛的权利，如访问、删除和更正其个人信息的权利。新媒体平台在收集、处理和共享用户个人信息时，必须向用户提供透明的信息告知机制，并确保数据处理的安全性。违规处理个人信息的行为将面临巨额罚款，最高可达年度营业额的5%。这一法律有效增强了平台的合规意识，强化了用户对其个人数据的掌控权。

3.《中华人民共和国数据安全法》

《中华人民共和国数据安全法》于2021年9月1日开始施行，是中国首部系统性的数据安全法律，旨在加强对重要数据的保护。这部法律规定，数据处理活动必须符合国家的数据安全战略，平台需要根据数据的分类和重要性采取不同级别的安全措施。对于涉及国家安全的核心数据，平台需向相关部门进行风险评估并报批。该法还规定了跨境数据传输的规则，特别是涉及国家安全、公共利益的重要数据，平台在传输到境外时，必须进行安全评估。这一规定进一步增强了数据安全的监管力度，确保了数据跨境流通的合法性和安全性。

4.平台责任与内容审核

在信息传播领域，平台责任和内容审核机制同样是新媒体法律框架的重要组成部分。国家网信办发布的《网络信息内容生态治理规定》明确要求，平台有义务对其发布的内容进行审查和管理，确保信息的真实性和合法性。新媒体平台需要建立健全的用户举报机制，对违法信息进行及时处理，特别是在涉及虚假信息、诽谤、暴力内容等方面，平台必须承担审核责任。为保证内容的合规性，平台还需定期发布内容治理报告，向公众披露其在信息审核和治理方面的具体举措。这不仅加强了平台的透明度，也为平台的合规运营提供了法律依据。

5.广告与电子商务平台的法律监管

随着新媒体平台日益成为广告和电子商务的重要阵地，广告和电子商务的监管也成为法律框架中的重要部分。根据《中华人民共和国广告法》和《电子商务法》，新媒体平台在发布广告和从事电商活动时，必须确保广告和商品信息的真实性和合法性，杜绝虚假宣传。特别是对于电商平台，法律规定其有义务对入驻商家的资质进行审查，并为消费者提供维权渠道。法律还要求，平台不得以虚假信息误导消费者，且需对广告内容进行严格的审核。一旦发现虚假广告或欺诈行为，平台可能面临高额罚款，并须承担相应的法律责任。这些规定为新媒体平台的商业化运营划定了清晰的法律界限。

6. 国际合作与跨境数据监管

随着中国新媒体平台的国际化运营，跨境数据流通和信息共享成为新的挑战。中国通过《中华人民共和国数据安全法》和《中华人民共和国网络安全法》对跨境数据的传输进行了严格规范，要求新媒体平台在向境外传输数据时，必须进行安全评估，并确保符合国际和目的地国家的法律法规。此外，中国积极参与国际互联网治理合作，推动建立全球统一的数据安全标准和规则体系。通过参与G20、APEC等国际平台，中国与其他国家共同探索如何在数据安全、隐私保护和信息共享等领域达成共识。这些国际合作为中国新媒体平台的全球运营提供了支持，也为全球互联网治理贡献了中国智慧。

（二）新媒体版权问题

在传统媒体时代，版权保护主要针对印刷品、电影、音乐等有形作品。随着互联网的发展，数字化内容的无形传播使得版权保护更加复杂。特别是新媒体平台，内容不仅可以快速复制和分发，而且很难监控未经授权的使用和转载。数字版权的主要问题包括盗版、未经授权的使用、UGC中的版权争议等。

在新媒体环境中，数字版权保护的挑战在于技术的快速更新，尤其是人工智能和大数据分析等技术使得创作者和平台难以有效控制内容的传播。这种背景下，数字版权的概念从传统的“作品所有权”扩展到“数据所有权”和“算法版权”，这对版权保护提出了更高的要求。中国的《中华人民共和国著作权法》自1990年颁布以来，经过多次修订，逐步适应了新媒体时代的需求。最新一次修订是在2021年，该法对网络环境下的版权保护做出了更加详细的规定，尤其是在数字内容的传播和使用方面。根据新修订的《著作权法》，著作权包括人身权和财产权，涵盖了复制权、发行权、表演权、广播权、信息网络传播权等。其中，“信息网络传播权”是针对互联网环境下作品的传播权。该权利规定，任何未经著作权人许可的网络传播行为，都可能构成侵权。这为新媒体平台上的作品提供了法律保护，同时也要求平台在用户发布内容时，必须确保其不侵犯他人的版权。法律规定了侵权行为的后果，包括停止侵权、赔偿损失等措施。此外，2021年的修订还增加了对技术措施的保护，即作品的版权持有人可以通过技术手段，如数字水印、加密技术等，来保护其作品不被非法复制或传播。

任何破坏这些技术措施的行为，也被视为侵权行为。

新媒体平台作为用户发布内容的载体，承担着重要的版权管理责任。根据《信息网络传播权保护条例》以及相关司法解释，平台必须履行合理的注意义务，采取适当措施防止用户在平台上发布侵权内容。如果平台未能尽到这一义务，可能面临与侵权用户共同承担法律责任的风险。平台通常采取的版权保护措施包括内容识别技术、版权投诉和处理机制等。许多大型新媒体平台，如腾讯、字节跳动等，已经引入了自动化的内容过滤系统，使用人工智能技术识别和阻止侵权内容的发布。此外，平台还需要设立版权保护专员，确保版权投诉能够得到及时处理。法律要求平台在接到版权投诉后，必须迅速删除或屏蔽相关内容，避免侵权行为的扩大。同时，新媒体平台应建立健全的用户协议，明确规定用户上传内容的版权责任。平台应告知用户，在发布内容时应确保其拥有该内容的版权或已获得版权持有者的授权，否则将承担法律责任。

随着社交媒体和短视频平台的兴起，用户生成内容（UGC）成为新媒体平台的重要组成部分。然而，UGC带来了更多的版权争议。很多用户在未经授权的情况下使用他人的图片、音乐或视频片段，这些行为在法律上构成了侵权。对于UGC的版权问题，平台通常采用“通知删除”机制，即版权持有者如果发现自己的作品被未经授权使用，可以向平台提出投诉，要求删除侵权内容。这一机制虽然在一定程度上保护了版权持有者的权益，但也存在一些问题。首先，版权持有者需要自行监控网络上的侵权行为，这增加了其维权成本。其次，平台可能会因为怕承担法律责任，过度删除一些并未真正侵权的内容，影响用户的言论自由和创作空间。为了解决这些问题，越来越多的国家和地区正在推动“版权过滤系统”的实施，即平台在内容上传时就进行版权审核，防止侵权内容的发布。虽然这一措施可以有效减少侵权行为，但也引发了对言论自由的担忧，尤其是在原创与借鉴的边界模糊的情况下。

随着新媒体平台的全球化运营，版权保护的国际化问题愈加突出。不同国家和地区的版权法存在差异，这给平台的跨境运营带来了挑战。例如，欧盟的《数字单一市场版权指令》规定，平台有责任在内容上传时确保不侵犯版权，这与中国和美国的“通知删除”制度存在显著差异。这意味着新媒体平台在进入不同市场时，必须根据当地的法律进行合规调整。为了应对国际版权保护的挑战，很多新媒体平台已经加入了国际版权组织，并通过合作机制共享版权信息。例如，中国的腾讯、阿里巴巴等平台已经与国际唱片业协会（IFPI）等组织建立了合作，确保音乐版权在全球范围内得到有效保护。同时，国际版权保护也需要依赖各国政府间的合作。例如，中国与美国、欧盟等国家和地区签署了多项版权保护协议，通过司法协助、信息共享等方式打击跨境侵权行为。这一国际合作模式为全球新媒体平台的合规运营提供了支持，也推动了全球版权保护体系的完善。

随着区块链、人工智能等技术的进步，未来的版权保护将更加依赖技术手段。例如，区块链技术可以用于作品的版权登记和追溯，确保作品的原创性和版权归属不被篡改。同时，人工智能技术可以用于监控和识别网络上的侵权行为，提高版权保护的效率。未来的新媒体版权保护还将更加注重版权教育，提升用户的版权意识。许多平台已经开始通过用户协议、教程等方式向用户普及版权知识，减少因为版权意识淡薄而导致的侵权行为。平台与用户之间的合作，将成为未来版权保护的重要趋势。

（三）新媒体隐私保护

在新媒体平台上，用户的个人信息，包括姓名、电话号码、位置信息、浏览记录等数据，成为平台提供个性化服务的重要资源。然而，这种数据的广泛收集也带来了隐私泄露的风险。近年来，随着数据挖掘、人工智能等技术的普及，用户数据不仅用于广告投放，还被第三方用于其他商业目的，甚至遭到滥用和非法买卖，给用户带来了极大的安全隐患。尤其是通过社交媒体、短视频平台、电子商务平台等，新媒体用户的隐私面临巨大的挑战。一旦数据泄露，可能导致身份盗窃、诈骗、骚扰等一系列问题。因此，如何规范新媒体平台的个人数据收集、存储和使用，成为隐私保护的核心问题。

中国《中华人民共和国个人信息保护法》于2021年11月1日正式实施，是目前中国最为全面的隐私保护法律。该法律详细规定了新媒体平台在处理个人信息时的责任和义务。根据该法，个人信息的处理必须符合合法、正当、必要的原则，且平台在收集用户数据时，必须告知用户信息的用途，并获得用户的明示同意。这一法律还规定了数据处理的透明度要求。用户有权要求平台告知其个人信息的使用情况，并且有权要求平台删除、修改或停止使用其个人数据。这一条款赋予了用户更多的权利，使其能够更好地控制自己的个人信息。此外，《中华人民共和国个人信息保护法》还明确了敏感信息的处理方式。对于包含生物特征、医疗健康、金融账户等的敏感信息，平台必须采取额外的保护措施，且未经用户明示同意，不得处理此类信息。这一条款提高了对用户隐私的保护标准，特别是在涉及高风险数据时。

在新媒体环境中，数据最小化原则是隐私保护的关键之一。根据《中华人民共和国个人信息保护法》以及相关法规，平台应当遵循“最小必要”原则，即只收集与提供服务直接相关的最少量个人数据。这一原则旨在减少数据收集和处理的范围，降低用户隐私泄露的风险。例如，短视频平台在用户注册时，仅应要求用户提供最基本的身份信息，如手机号或电子邮件地址，而不应要求过多的个人详细信息。此外，平台还应在使用用户数据时，采取必要的去标识化或匿名化处理，确保数据无法直接追溯到具体的个人身份。通过严格执行数据最小化原则，新媒体平台可以有效降低数据泄露的可能性，并提高其合规水平。

随着新媒体平台的全球化运营，数据跨境流动成为隐私保护中的一大挑战。中国的《中华人民共和国数据安全法》和《中华人民共和国个人信息保护法》对此作出了严格规定。平台在将用户的个人信息传输到境外时，必须进行风险评估，并遵守国家网络安全管理部门的规定。对于涉及国家安全、公共利益的数据，跨境传输时必须经过严格的安全审查。例如，跨国社交媒体平台在向海外传输中国用户数据时，必须确保其符合中国的数据保护法律。此外，平台还需要在跨境传输过程中，确保数据的安全性和完整性，避免数据被非法获取或滥用。通过对数据跨境流动的严格监管，中国在新媒体隐私保护方面建立了更高的安全标准。

新媒体平台在隐私保护中起到了至关重要的作用。根据中国法律，平台必须建立健全的隐私保护机制，确保用户数据在收集、存储、使用和传输中的安全性。平台需要通过加密、数据隔离等技术手段，加强对用户信息的保护。此外，平台还应设立专门的隐私保护部门，负责隐私管理、隐私审查和用户投诉处理。平台还需要加强对员工的隐私保护意识培训，确保所有接触到用户数据的工作人员都能够严格遵守隐私保护规定。同时，平台应提供用户友好的隐私设置功能，使用户能够根据个人需求灵活调整隐私选项，确保其对个人数据的使用具有更高的自主权。

隐私保护不仅是平台的责任，用户自身的隐私意识提升同样重要。新媒体平台在推行隐私保护措施的同时，还应通过教育和宣传，增强用户的隐私保护意识。例如，平台可以通过用户协议、隐私声明、使用提示等形式，向用户解释其个人信息的使用方式和安全风险。此外，平台应当通过推送隐私保护相关的内容，提醒用户如何在使用社交媒体、短视频应用、电子商务平台时避免不必要的数据泄露。通过用户隐私意识的培养，平台与用户可以共同构建更安全的新媒体生态环境。公众隐私意识的提升，也有助于减少因为个人隐私保护不足而导致的侵权行为。

【本章小结】

本章通过对新媒体传播中的伦理问题、法律案例及相关法规的深入探讨，帮助学生系统掌握了在新媒体运营中的道德与法律责任。学生不仅了解了如何确保信息的真实性与隐私保护，还通过案例学习了如何运用法律手段解决争议。新媒体的法律框架与版权、隐私保护的不断演进，提示我们必须时刻关注法律的更新，以确保传播活动的合法性与合规性。在复杂的传播环境中，学生将具备处理道德和法律问题的综合能力。

第八章
案例分析与实践操作

【学习目标】

本章的学习重点在于通过案例分析与实践操作，帮助学生掌握新媒体传播的成功经验与失败教训，提升实际操作能力。学生将在学习中识别成功案例中的关键传播策略，并理解传播失败的常见原因和应对方法。同时，通过参与项目设计与实施，学生能够强化项目管理和执行能力，并且了解具体的操作技巧。通过理论与实务的结合，学生将具备解决新媒体传播实际问题的能力，在未来的工作中能够有效运用所学的技巧与策略。

一、新媒体传播成功案例剖析

（一）案例描述：海尔的“空调兄弟”跨界营销

2019年，海尔推出了“空调兄弟”这一极具创意的跨界营销活动，成为新媒体传播成功的典型案例。这一营销活动是通过社交媒体和短视频平台开展的，其核心创意是通过“人格化”品牌，将海尔空调拟人化，塑造成两个性格各异的“空调兄弟”角色，进行系列故事化推广。海尔通过微博、抖音、微信公众号等多平台进行全方位传播，结合热点话题、用户互动等多种形式吸引用户的参与，形成了广泛的社会关注。

在传播内容上，海尔依靠创意短视频和漫画的形式展示“空调兄弟”的日常生活，增强了与用户的情感连接。每个故事情节不仅体现了海尔空调的技术特点，还通过有趣的对话和情境引发了用户的共鸣和讨论。此后，海尔还通过“用户投票决定故事发展”的方式，进一步增加了用户的参与感和黏性，传播效果进一步扩大。这一活动成功的关键在于将海尔空调从“冷冰冰的家电产品”转变为“有温度、有故事的品牌形象”，通过与用户的情感共鸣和互动，拉近了品牌与消费者之间的距离。最终，海尔通过这一活动，提升了品牌的关注度和市场份额，取得了良好的传播效果。

（二）案例剖析

1.内容创新与人格化品牌塑造

海尔“空调兄弟”营销活动成功的首要因素在于内容的创新。新媒体时代，用户更喜欢个性化、故事化的内容，而非单纯的产品广告。海尔通过人格化空调产品，将技术性能转化为角色故事，这种创新使品牌不再显得生硬，而是更贴近消费者的日常生活。通过将产品“拟人化”，海尔借助两个虚拟角色的互动，赋予了品牌更多的情感元素，使用户容易记住并产生好感。这种创新内容的传播方式突破了传统的广告宣传模式，不再仅仅依赖于产品本身的技术参数或功能展示，而是通过一种新的语言与消费者对话。人格化的品牌形象通过情感连接，激发了用户的参与欲望，让海尔从同类竞品中脱颖而出，树立了独特的品牌形象。

2.多平台联动与跨界传播

本次活动的另一个成功因素在于多平台联动的传播策略。海尔选择了微博、抖音、微信公众号等多个新媒体平台进行联合推广，确保了不同用户群体都能接触到这一活动。每个平台都有其独特的用户结构和使用习惯，因此，海尔在不同平台上使用了相应的传播方式，如在抖音上推出创意短视频、在微博上通过话题互动和投票机制激发讨论等。这种多平台的联动不仅扩大了传播范围，还增强了用户的参与感。特别是在抖音等短视频平台上，用户在短时间内即可获得娱乐和品牌信息，增加了传播的广度和频次。而在微博的用户投票机制，更进一步提升了用户的互动性，用户通过参与投票和讨论，感受到自己是故事发展中的一部分，这种互动感提升了品牌黏性。

3.热点营销与情感共鸣

“空调兄弟”的成功还在于巧妙结合了当下的热点话题和用户的情感需求。通过有趣的故事和对话，海尔成功触发了用户的情感共鸣。活动期间正值炎炎夏季，空调作为季节性产品，话题本身就具有较高的关注度。海尔通过“人格化空调”的故事展示，让用户在享受品牌内容的同时，潜移默化地对产品产生了兴趣。此外，海尔还借助节假日、天气等时机节点，通过推出特定情节进一步强化了这一情感共鸣。例如，在七夕节期间，“空调兄弟”推出了一系列与爱情有关的故事，这种内容不仅切合节日氛围，还增加了话题讨论的热度。情感的注入，让用户在短时间内形成强烈的记忆点，推动了品牌内容的二次传播。

（1）用户生成内容与互动设计

海尔在本次活动中通过用户互动设计，有效调动了用户的参与积极性。通过投票决定故事情节发展的方式，用户不仅成为内容的观众，更成为内容的参与者。用户的参与度越高，对品牌的认同感和好感度也就越强。通过这种互动设计，海尔让用户感到他们的声音被听到，进而增强了品牌的情感连接。同时，活动也引发了大量的用户生成内容（UGC），用户在社交媒体上分享自己对“空调兄弟”的看法，甚至创作了许多二次创作内容。这种UGC的产生，不仅帮助品牌扩展了传播渠道，还使得品牌话题持续发酵，形成了二次传播效应。

（2）效果评估与市场影响

从传播效果上看，海尔的“空调兄弟”营销活动不仅带来了巨大的品牌曝光，还实现了实际的市场增长。活动期间，海尔的社交媒体平台粉丝增长显著，品牌的在线讨论度大幅提升。同时，通过数据监测，海尔在多个电商平台的空调产品销量也出现了明显增长，证明了此次传播活动在品牌建设和市场转化上的双重成功。通过精准的用户定位、创新的传播策略、多平台的互动联动，海尔实现了从内容创意到市场转化的全链路传播效果。该案例为新媒体营销提供了宝贵的经验，也为其他品牌在策划传播活动时提供了有效的参考。

海尔“空调兄弟”跨界营销案例展示了新媒体传播成功的核心要素：创新的内容、精准的多平台联动、情感共鸣与用户互动。通过对这一案例的分析，可以看出，在当前竞争激烈的市场环境中，品牌不仅需要依靠产品本身的优势，还需通过新媒体平台的创新传播手段，增强与消费者的情感连接，提升品牌认知度与用户黏性。这一案例为其他品牌在新媒体传播中的战略提供了清晰的借鉴路径。

二、新媒体传播实务项目设计与实施

在新媒体传播的实际操作中，项目设计和实施是关键环节。无论是社交媒体的营销活动，还是内容创作项目，都需要在前期做好全面的规划，并在实施过程中不断优化和调整。本节内容旨在阐述如何在实践中进行新媒体传播项目的设计与实施，从传播目标的确定到具体操作步骤的执行，详细分析项目的各个阶段，帮助学生掌握系统化的操作技能。

（一）传播目标的制定

在任何传播项目中，明确的传播目标是项目成功的基础。设计新媒体传播项目时，首先需要根据品牌的定位、产品特性以及目标用户群体来制定明确的目标。这些目标可以是品牌曝光、用户参与、销售转化等不同的维度，但必须具有可量化、可评估的特性。例如，在社交媒体上推广新产品时，项目的传播目标可以是通过创意视频或社交话题讨论提升品牌认知度，同时引导用户参与互动，最终实现销售转化。在目标制定过程中，还需结合平台特性、用户行为和市场需求，确保传播目标与实际情况相匹配。

（二）受众分析与用户画像

在制定传播目标之后，受众分析是确保传播项目精准定位的必要步骤。新媒体传播不同于传统传播，用户的行为和兴趣多样，且具有高度的碎片化特征。因此，项目设计需要对目标受众进行全面分析，并通过构建用户画像来细化传播策略。通过对受众的年龄、性别、地理位置、兴趣偏好等数据的分析，可以更精准地确定传播内容的风格和形式。例如，面向年轻用户的项目可以选择短视频、直播等新兴传播形式，而面向商务人群的传播则可以通过专业化、深度化的方式进行传播。用户画像的构建，不仅仅是基于人口统计学特征，还应结合用户的消费习惯、在线行为以及社交关系。通过精准的受众分析，可以使传播项目更加贴近用户的需求，提升传播效果。

（三）传播内容的策划与创作

传播内容的策划是项目设计中的核心环节。在新媒体传播中，内容的形式和创意直接决定了传播的广度和深度。内容策划的关键在于如何将品牌信息与用户兴趣结合，创作出有吸引力的传播内容。内容策划应从用户的视角出发，考虑内容的趣味性、互动性和分享性。例如，在社交媒体平台上，用户更倾向于分享有趣、有价值的内容。因此，内容创作过程中要考虑如何引发用户的共鸣，激发他们的分享欲望。通过创意文案、视觉设计、视频拍摄等多种形式的结合，可以提升内容的传播力。在创作过程中，还需要注重内容的多样性和连贯性。传播项目的内容应包括短期与长期的传播计划，既要满足短期的推广需求，也要通过系列化内容，维持用户的持续关注和参与。

（四）平台选择与渠道布局

在传播内容策划完成后，平台的选择和渠道的布局是项目设计中另一个至关重要的环节。不同的新媒体平台具有不同的用户群体和传播机制，因此，传播项目应根据目标用户的习惯选择适当的平台。例如，对于视觉类内容，可以选择抖音、快手等短视频平台进行传播；而对于深度、专业化内容，则可以通过微信公众号或微博进行发布。同时，项目设计还应考虑多平台联动的策略，通过多个平台进行同步推广，增强传播效果。平台的选择还应根据项目预算和资源情况进行评估。对于预算有限的项目，可以优先选择用户集中度高的核心平台，通过精准投放实现高效传播。而对于预算充足的项目，可以通过全平台覆盖的方式进行推广，确保内容能够最大化触达目标用户。

（五）项目执行与效果监测

在项目设计和策划完成后，项目执行的有效性直接影响传播效果。在执行过程中，需要严格按照计划进行内容发布、互动管理和效果监测，并根据传播情况随时调整策略。传播项目通常包含多个执行环节，如内容发布、广告投放、用户反馈管理等，每个环节的执行都须细致到位。实时监测传播效果是项目执行的一个重要组成部分。在新媒体传播中，可以通过数据分析工具，如平台的互动数据、用户反馈数据等，及时获取传播效果的反馈信息。通过对数据的分析，可以判断内容的受欢迎程度、用户的参与度和品牌的传播效果。如果传播效果未达预期，可以根据数据及时调整传播内容和策略，确保项目目标的实现。例如，在广告投放过程中，如果发现某个平台的点击率较低，可以考虑调整投放平台或优化广告内容，从而提高传播效率。

（六）项目总结与优化

在项目执行完成后，项目总结与优化是整个传播项目的最后环节。通过对项目的效果评估，可以总结出项目中的成功经验和不足之处，为后续的传播项目提供参考。项目总结应包括传播效果的定量评估和定性分析。在定量评估中，可以通过用户参与数据、曝光量、转化率等指标，评估项目是否达到预期的传播目标；在定性分析中，可以通过用户反馈和舆论分析，了解传播内容的影响力和品牌形象的变化。此外，项目总结还应关注传播过程中的问题和改进空间。

例如，在传播过程中是否出现传播节奏失控、用户反馈负面等情况，并提出相应的优化建议。通过总结和反思，可以不断提升传播项目的设计与实施能力，使后续项目更加精准和高效。

四、新媒体传播实务操作技巧与经验分享

除了理论知识的掌握外，如何将这些理论运用于实际操作更为关键。无论是内容策划、平台选择，还是效果评估，新媒体传播的每个环节都需要高度的执行力与操作技巧。本节将分享一些实务操作的技巧与经验，从具体操作角度出发，帮助学生更好地理解如何在实践中运用传播策略，提升传播效果。

（一）目标细化与内容策划技巧

任何一个成功的传播项目都离不开明确的目标设置与细化。在实际操作中，目标的设定不仅需要考虑品牌的长期发展，还要根据短期的营销需求进行调整。为了确保目标的可操作性，传播目标需要被分解为多个细化指标，如品牌曝光量、用户参与度、内容转化率等。这些指标在传播项目的不同阶段均须进行跟踪与调整。内容策划是新媒体传播中的核心环节，策划的内容需要兼顾创意性和实用性。在实际操作中，创意不应过于抽象，必须紧密结合用户需求与品牌调性。同时，内容策划时应充分考虑到传播平台的特点，例如短视频内容适合抖音等平台，而长文案更适合微信公众号。将目标与内容策划相结合，使得每一项内容的发布都能服务于项目的最终目标。

（二）平台运作与用户互动策略

在新媒体平台上，用户互动是提升传播效果的重要手段。在操作中，需要根据不同平台的特性设计相应的互动方式。例如，在微博、抖音等社交平台，可以通过热点话题、互动投票、抽奖活动等方式，激发用户的参与兴趣。互动不仅能增加用户黏性，还可以通过用户的自发传播实现二次传播效应，扩大内容的覆盖面。同时，平台的选择也至关重要。不同平台的用户特性不同，内容的表现形式也存在差异。在微信生态中，用户更加注重深度内容和专业见解，因此内容需要更加注重质量与信息密度；而在抖音、快手等短视频平台上，用户更偏好轻松、简短、易于分享的内容。因此，在传播实践中，平台的选择应根据目标受众的特性进行匹配，确保每个平台的传播策略符合其特定用户

的需求。

（三）数据驱动的效果监测与反馈

数据监测在新媒体传播项目中起到了至关重要的作用。在项目实施过程中，实时监测用户行为数据和传播效果，可以帮助团队及时调整内容与策略。例如，可以通过监测点击率、转发量、评论量等关键数据，评估传播内容是否达到了预期效果。通过数据驱动的方式，可以确保传播策略的精准性与有效性。值得注意的是，数据分析不应只关注单一指标，而应综合多个维度进行全面分析。例如，虽然某条广告的点击率可能很高，但用户的转化率较低，这表明内容虽然吸引了用户的注意，但没有带来实质性的效果转化。因此，在传播实践中，需要对数据进行深度挖掘，分析用户的行为路径和决策过程，以此优化传播策略。

（四）互动设计与用户生成内容

用户生成内容（UGC）是新媒体传播中的一个重要环节，能够有效提高用户参与度，并增强品牌的互动性。在实际操作中，如何引导用户生成有价值的内容，是一个关键的操作技巧。例如，品牌可以通过挑战赛、话题讨论等方式，引导用户自发上传与品牌相关的图片、视频或故事。通过用户的主动参与，不仅能增加内容的多样性，还能增强品牌与用户之间的情感连接。在实际操作中，UGC的设计必须考虑到用户的参与门槛。如果活动设计过于复杂，用户可能失去参与的兴趣。因此，UGC的设计应尽量简洁易懂，同时为用户提供丰富的参与奖励。例如，在微博或微信上，通过设置简单的互动规则，例如点赞、转发、留言等，用户就可以轻松参与到活动中来，增加活动的传播效应。

（五）危机公关与品牌维护

在新媒体传播中，危机公关是不可避免的一个环节。由于信息传播速度快，品牌一旦在传播过程中出现负面消息，便会迅速在网络上发酵。因此，品牌需要具备快速响应的危机公关能力，及时掌握舆论动态，尽早发现并处理危机。在实际操作中，品牌需要设立专门的舆情监测系统，实时监控网络上关于品牌的讨论。如果出现负面信息，必须迅速作出反应，第一时间发布官方声明，澄清事实或表达歉意。危机发生时，及时透明的沟通是恢复公众信任的关键。对于一些具有持续影响的负面事件，品牌还应通过后续的公关活动进行正面修复，确保事件的影响逐渐消退。

（六）持续优化与案例反思

在新媒体传播项目结束后，及时进行总结与优化是提升未来传播项目质量的重要手段。通过对成功与失败案例的分析，团队可以积累经验教训，并在未来的项目中避免类似错误。在总结过程中，传播效果不仅要通过数据来衡量，还应结合品牌的长期发展战略进行评估。

优化过程中，项目团队可以尝试对不同传播策略进行A/B测试，找到更具传播效力的方案。例如，针对不同用户群体，可以采用不同的内容创意、投放渠道等，观察哪种方案带来的效果更好。持续的优化和调整，能够帮助品牌不断提升传播效果，并形成可复制的成功模式。

【本章小结】

通过本章的学习，学生不仅深入分析了新媒体传播的成功与失败案例，还参与了实际项目的策划与实施，进一步提升了实践操作能力。在对经典案例的反思中，学生学会了如何识别传播中的关键问题，并通过项目实践获得了系统的项目管理与执行能力。这些学习成果将为学生未来的传播工作提供坚实的理论和实战基础，助力其在新媒体传播领域的职业发展。

第九章
新媒体未来发展与挑战

【学习目标】

本章内容涵盖新兴技术的创新应用、新媒体商业模式的演变与发展，以及技术、法律和文化层面的挑战。通过系统的学习，学生能够掌握人工智能、区块链、虚拟现实等技术如何在新媒体领域中产生影响，理解新媒体商业模式的多样性及其演变过程。同时，学生将具备识别并应对新媒体发展过程中各类技术与社会挑战的能力，为其未来在新媒体行业中的实践提供扎实的理论基础和实际操作技能。

一、新媒体技术创新与应用

技术创新正在推动新媒体的飞速发展，改变了内容的生产、分发与消费方式。人工智能已经大规模应用于内容生成、个性化推荐等方面，提升了用户体验与传播效率。区块链技术为数字版权保护及去中心化内容分发提供了新的思路，而虚拟现实与增强现实技术则通过沉浸式体验改变了用户的互动方式。本节将重点分析这些新技术如何被实际应用于新媒体领域，并探讨它们为未来的传播带来的可能性与挑战。

（一）人工智能在新媒体中的应用

人工智能（AI）正迅速成为新媒体行业中的重要推动力量，其应用不仅提高了内容生产和传播的效率，还为用户提供了个性化的服务体验。通过人工智能技术，新媒体平台能够大幅优化内容制作、传播策略、用户互动等多个方面，使得新媒体与传统媒体相比具有更强的竞争力。

1. 内容生成与编辑

人工智能在内容生成方面的应用显著提升了新媒体的内容生产效率。通过自然语言处理（NLP）技术，AI可以快速生成文本内容，涵盖新闻报道、文章撰写、社交媒体内容等。例如，许多新闻媒体已开始应用AI来撰写短新闻，尤其是在突发新闻或实时体育比赛中，AI能够根据数据实时生成报道，从而极大缩短了新闻发布的时效性。此外，AI还能够辅助编辑，通过分析文本结构、语法错误和内容质量，自动进行内容优化，使得生成的内容更加符合用户的需求。在新媒体平台上，AI还可以用于视频、图像的编辑与生成。通过计算机视觉技术，AI可以识别并自动处理视频中的重要场景或内容，自动生成适合的剪辑片段。例如，AI可以通过分析视频中的情感、场景和语调，自动创建短视频内容，以满足用户对短视频内容快速消费的需求。这样的技术使得视频制作更加高效，同时也增强了新媒体内容的多样性与灵活性。

2. 个性化推荐与用户体验优化

人工智能在新媒体中的另一个重要应用是个性化推荐系统。通过对用户浏览行为、兴趣偏好、点击记录等数据的深度学习，AI可以为用户提供高度个性化的内容推荐。例如，像抖音、微博等平台会根据用户的观看历史、点赞行为等，自动推送用户可能感兴趣的内容。这种推荐机制不仅提升了用户的使用体验，还大大提高了内容的曝光度与传播效率。同时，AI还通过用户行为数据分析，帮助平台了解用户的习惯与需求，进而优化界面设计、交互方式等，以提升整体用户体验。例如，AI可以监测用户在使用过程中的停留时间、点击行为等，分析用户在不同时间段的使用偏好，并自动调整内容呈现方式，如在用户最活跃的时间段推送他们感兴趣的内容。这种智能化的操作让新媒体平台更加灵活，能够更好地适应不断变化的用户需求。

3. 内容审核与舆情监控

在新媒体平台的管理中，内容审核是一个重要且复杂的任务。由于新媒体内容的实时性和海量性，传统的人工审核方式已经无法适应。因此，AI技术的引入有效地缓解了内容审核压力。通过机器学习和自然语言处理技术，AI能够自动识别违规内容，包括虚假信息、不当言论和违法内容等，从而帮助平台快速做出判断并采取相应措施。例如，YouTube、微博等平台已经开始使用AI技术来自动检测不符合平台规定的内容，减少人工审核的工作量，同时提高审核效率。除了内容审核，AI在舆情监控方面也发挥了重要作用。新媒体平台上信息传播速度极快，舆情的变化可能在短时间内给平台或企业带来巨大的影响。AI通过对社交媒体、新闻网站等数据源的实时监控，分析网络上的讨论热点和情绪变化，帮助平台快速捕捉舆论动向，并及时采取应对措施。这种实时舆情监控系统可以避免突发危机的蔓延，并有效维护品牌形象。

4.广告投放与精准营销

人工智能还广泛应用于新媒体中的广告投放与精准营销。传统广告的投放往往存在较大的盲目性，无法精准地触达目标用户。而通过 AI的深度学习和大数据分析，广告主可以根据用户的浏览记录、社交网络互动、消费习惯等数据，精确识别出潜在的目标客户，制定个性化的广告投放策略。例如，许多电商平台会根据用户的购物历史，自动推送相关产品广告，而这些广告会基于用户的偏好进行个性化呈现，从而提高广告的转化率。此外，AI技术还能够对广告的投放效果进行实时监控，并根据用户反馈和数据表现不断优化广告投放策略。通过对广告点击率、转化率等数据的分析，AI可以调整广告的投放时间、受众群体等，确保广告以最优方式达到预期效果。这种自动化、智能化的广告投放策略大大提高了广告的效率，降低了传统广告的浪费。

5.虚拟主播与智能客服

随着人工智能技术的发展，虚拟主播与智能客服逐渐成为新媒体中的重要应用领域。虚拟主播通过 AI驱动的虚拟形象进行实时播报，已经在多个平台上得到应用。虚拟主播不仅可以 24小时不间断地播报新闻、解说赛事，还能够根据用户的提问做出实时回应。这种智能化的互动方式不仅提升了用户的参与感，也为内容创作者节省了大量人力成本。同样，智能客服在新媒体平台的客户服务领域也起到了关键作用。通过自然语言处理技术，智能客服可以快速理解并回答用户的常见问题，如账号问题、购买流程等，提升了客户服务的效率。同时，智能客服还能够学习并适应用户的不同需求，不断提升应对复杂问题的能力，从而为用户提供更加个性化的服务。

（二）区块链技术与新媒体

区块链技术的出现为新媒体行业带来了全新的发展可能性。作为一种去中心化的分布式账本技术，区块链在数据的存储、分发和管理方面展现了巨大的潜力，尤其是在版权保护、内容分发和数字资产交易等方面，其应用正在逐渐深入新媒体行业。通过区块链技术的引入，新媒体可以建立一个更加透明、公正、不可篡改的数字生态系统，促进内容生产者与消费者之间的直接互动与交易。

1.区块链在版权保护中的应用

新媒体行业中，版权保护一直是一个棘手的问题。随着内容的数字化和网络传播的便捷性，侵权行为变得越来越普遍，内容创作者的利益往往难以得到有效保障。区块链技术通过去中心化的方式，为版权保护提供了新的解决方案。区块链的不可篡改性和时间戳功能，可以确保每一件数字内容的原创性和所有权记录清晰可见，避免了传统媒体中常见的版权争议。通过智能合约，区块链还可以自动执行内容使用协议。例如，内容创作者可以在区块链上发布作品，并通过智能合约设定使用条款，当有人需要使用该作品时，系统会自动执行授权并支付相应费用，这种机制能够确保创作者的利益得到实时保障。同时，区块链的透明性使得内容的传播路径可追溯，确保每次传播的合法性，减少侵权的可能性。

2.去中心化内容分发与创作者激励

区块链技术在新媒体中的另一个重要应用是去中心化的内容分发平台。传统的内容分发模式通常依赖于中心化的平台，例如社交媒体、视频网站等，这些平台不仅控制着内容的分发，还通过算法决定用户能够看到哪些内容。这种模式往往削弱了内容创作者的控制权，平台在获取大量用户数据后，通过广告等方式盈利，而创作者的回报却较为有限。基于区块链的去中心化平台可以改变这一现状。通过区块链，内容创作者能够直接与用户进行互动与交易，省去了中介平台的干预，增强了内容的自主性与透明度。例如，创作者可以在区块链平台上直接发布作品，并通过加密货币或代币形式与用户进行交易，平台不会对交易过程进行过多干预，所有的收益都直接归创作者所有。此外，区块链可以通过代币激励机制，鼓励用户对优质内容进行点赞、分享和评论，从而为内容创作者带来更多的流量和回报。这种机制既保障了创作者的利益，也让用户通过支持优质内容获得回报，形成了一个良性的内容生态系统。

3.数字资产与NFT（非同质化代币）

随着区块链技术的发展，数字资产的概念逐渐兴起，其中最具代表性的应用便是 NFT（非同质化代币）。NFT是一种基于区块链的数字资产，其独特性和不可替代性使得它非常适合用于标识数字内容的所有权和价值。对于新媒体行业来说，NFT为内容创作者提供了全新的盈利模式。通过 NFT，创作者可以将作品“上链”并发行独一无二的数字所有权证明，用户可以通过购买这些

NFT拥有数字作品的“版权”，即使该作品可以被复制、传播，NFT所代表的所有权却始终不会被复制。这种机制为数字内容的交易、收藏和投资带来了前所未有的可能性。例如，艺术家、音乐人或作家可以将他们的作品以 NFT的形式出售，而购买者则获得该作品的独特所有权。这种模式不仅为创作者提供了新的收入来源，也让作品的价值更加透明化。此外，NFT的所有权可以通过区块链的智能合约进行转让和二次交易，确保创作者在作品的每次交易中都能获得相应的回报。

4. 内容审查与透明度

区块链技术的去中心化特性使得其在内容审查与信息透明度方面也有广泛的应用潜力。传统的中心化平台往往通过算法或人工干预对内容进行审查，导致某些信息可能因平台规则被屏蔽或删除。然而，区块链通过去中心化的方式，可以实现内容的公开透明传播，不受单一机构的控制。在区块链网络上，内容一旦发布，便无法被单方面删除或篡改，确保了信息的完整性和透明性。对于新闻报道、社交媒体内容等容易受到审查的领域，区块链的应用可以确保内容的多样性与真实性得到保障。当然，区块链技术也需要与相关的法律和政策框架相结合，以应对信息传播中的复杂伦理问题，确保其应用不会被滥用。

5. 社交媒体与区块链的结合

社交媒体的出现大大改变了信息传播的方式，然而，用户在传统社交媒体平台上，数据的所有权和控制权往往掌握在平台手中，用户的数据被用作广告投放的基础，用户自身却很少从中获利。区块链技术通过去中心化的方式，可以将社交媒体中的数据所有权还给用户，增强用户的自主权。例如，在基于区块链的社交媒体平台上，用户可以完全掌控自己的个人数据，并决定是否授权给第三方使用。如果有企业希望使用用户的数据进行广告投放，用户可以通过区块链平台直接获利，而不是让平台单方面利用数据盈利。这种模式增强了用户对个人数据的控制权，同时提高了数据的透明度与安全性。此外，用户在这些区块链社交平台上的互动行为，如点赞、评论等，均可以通过加密货币或代币的方式得到奖励，激励用户积极参与平台建设。通过这种去中心化的机制，区块链赋予了社交媒体全新的用户激励模式。

（三）虚拟现实与增强现实技术

虚拟现实（VR）和增强现实（AR）技术作为新媒体中的重要组成部分，正在重新定义用户如何与内容进行互动。这两种技术通过打破物理与虚拟世界的界限，为用户提供了前所未有的沉浸式体验。在新媒体传播中，VR和AR的应用不仅改变了信息的呈现方式，还带来了新的内容创作手段与商业模式。它们的应用涵盖了教育、娱乐、广告、新闻等多个领域，为新媒体行业带来了巨大的创新机会。

1.虚拟现实技术在内容创作中的应用

虚拟现实技术通过为用户创造一个完全沉浸的虚拟世界，让他们感受到如同真实环境中的体验。与传统的二维屏幕内容不同，VR提供了360度的全景视角，使用户能够自由探索并互动。对于新媒体内容创作者来说，虚拟现实技术为创作复杂、动态的叙事内容提供了无限的可能性。在内容创作中，虚拟现实能够让用户从观众的角色转变为参与者。例如，在新闻报道中，记者可以通过 VR将用户“带入”到新闻事件的现场，增强新闻的真实性和感染力。这种沉浸式的报道形式打破了传统新闻传播的局限，使用户不仅是信息的接收者，还是信息的体验者。VR还可以应用于影视制作、虚拟旅行等领域，为用户提供更加真实、生动的体验。内容创作者在运用虚拟现实技术时，还可以利用交互设计，增强用户的参与感。通过在虚拟环境中设置交互点，用户可以主动探索内容，而不是被动接受。这种互动性提高了内容的趣味性与吸引力，尤其在娱乐、游戏等领域中，用户的沉浸感和互动性能够带来更强的体验感。

2.增强现实技术在广告与营销中的应用

增强现实技术通过将虚拟内容叠加在现实环境中，增强了现实世界的体验。在广告与营销领域，AR的应用使得品牌与用户之间的互动更加丰富和生动。传统广告形式主要依赖于视觉或听觉的传递，而通过AR，广告内容可以直接与用户的现实环境相融合，使广告变得更加具有互动性和吸引力。一个典型的应用场景是零售行业。例如，通过增强现实应用，用户可以使用智能手机扫描产品包装，看到虚拟的广告展示或产品信息。这种方式不仅提升了用户的购物体验，还让品牌能够更加生动地展示产品特性。AR广告的优势在于它能够打破平面广告的局限，通过互动让用户对品牌和产品产生更深的印象。在社交媒体上，AR

技术也被广泛应用于广告营销。通过 AR滤镜和特效，品牌能够与用户建立更加个性化的互动。例如，用户可以在社交平台上使用带有品牌元素的滤镜自拍，并分享到自己的朋友圈中，这种方式能够有效提高品牌曝光率，并通过用户的自主传播进一步扩大品牌影响力。

3. 教育与培训中的虚拟现实与增强现实

虚拟现实与增强现实技术在教育领域的应用正在迅速扩展，特别是在需要互动学习的学科领域，如医学、工程、艺术设计等。通过VR和AR，学生不仅能够观看到静态的学习材料，还能通过虚拟互动的方式，深入体验复杂的学习内容，增强理解与记忆。例如，在医学教育中，虚拟现实能够为学生提供解剖训练的模拟环境。学生可以通过VR设备“进入”到人体结构中，观察不同的器官、血管、神经等，进行操作模拟，而不需要使用真实的标本。这种虚拟环境不仅安全、可重复，而且避免了实际操作中的风险，大幅提升了教学效率。增强现实技术同样能够丰富教育过程。通过增强现实，学生可以将虚拟元素叠加到真实世界中进行学习。例如，生物课上学生通过AR应用扫描教科书中的图片，可以看到三维立体的细胞结构，并与其进行互动。这种学习方式极大地激发了学生的兴趣，并有助于将抽象概念具象化，提升学习效果。

4. 虚拟现实与增强现实在新闻报道中的应用

随着虚拟现实和增强现实技术的发展，新闻行业也开始积极探索其在报道中的应用。通过虚拟现实，新闻记者可以为受众提供身临其境的报道体验。例如，用户可以通过VR设备“亲临”新闻现场，无论是自然灾害的灾区、战争前线，还是重大事件的发布会现场，用户能够感受到身临其境的体验，增加了新闻传播的真实性和临场感。增强现实技术在新闻中的应用则更加注重信息的实时补充。例如，读者在阅读新闻时，可以通过 AR应用扫描图片或二维码，获取更多的背景信息、视频解说或三维模型展示。这种扩展信息的方式丰富了新闻的内容层次，使读者能够更加全面地理解事件的全貌。

5. 娱乐与游戏中的虚拟现实与增强现实

虚拟现实与增强现实技术在娱乐与游戏行业的应用无疑是最具吸引力的领域之一。这两种技术通过将玩家带入虚拟世界中，提供了与传统游戏截然不同的沉浸式体验。VR游戏让玩家完全进入虚拟场景中，亲身体验游戏中的角色扮演与任务挑战，而AR游戏则通过将虚拟元素叠加到现实世界中，增强了游戏的互动性和趣味性。《Pokemon Go》作为增强现实游戏的典型案例，通过将虚拟的精灵捕捉与现实场景相结合，吸引了全球数百万玩家参与。这种结合虚拟与现实的游戏形式，极大地提升了用户的参与感，并推动了AR技术在游戏行业中的普及。虚拟现实技术则在许多沉浸式游戏中展现了其强大的互动性，玩家可以在虚拟的战场中进行射击、探险，甚至与其他玩家进行协作与对抗。这种深度互动的特性不仅提高了游戏的趣味性，也为游戏产业带来了新的增长点。随着技术的不断进步，虚拟现实与增强现实游戏的种类和品质也在不断提升，为用户带来更为丰富的娱乐选择。

二、新媒体商业模式与趋势

新媒体商业模式正在经历快速演变，传统的广告驱动型模式逐渐让位于多元化的盈利方式。内容付费、订阅服务、虚拟商品交易等模式正在成为新兴媒体的主流选择。通过对这些商业模式演变的探讨，学生将了解如何适应市场需求与技术变革，实现商业模式的创新与可持续发展。同时，具体的案例分析将展示这些模式的成功应用与可能存在的瓶颈，为未来的商业模式探索提供实践参考。

（一）新媒体商业模式的演变

随着互联网技术的发展，新媒体的商业模式不断演变，适应着市场需求的变化和技术进步。从最初依赖广告收入的传统媒体模式到如今多元化的盈利方式，新媒体商业模式呈现出高度的灵活性和创新性。其演变不仅改变了内容生产者与消费者之间的关系，还为平台、广告主、用户三方提供了更多的合作和盈利机会。通过理解商业模式的演变过程，我们可以更好地掌握新媒体未来的发展方向和市场趋势。

新媒体的早期商业模式主要依赖于广告收入。这种模式继承了传统媒体的广告盈利方式，即通过内容吸引用户流量，再利用广告商为广告展示支付费用。这一模式的核心在于流量转化，广告展示越多，广告主支付的费用就越高，因此平台的盈利能力与用户数量和活跃度直接挂钩。最初，网络门户网站如新浪、搜狐等通过新闻内容和娱乐资讯吸引大量用户，广告成为其主要的收入来源。然而，随着用户需求的变化和广告市场的激烈竞争，传统广告模式逐渐暴露出其局限性。广告的泛滥导致用户体验的下降，过多的广告展示使得用户的阅读和使用体验被打断。此外，广告的精准度较低，广告主很难真正触达目标用户，导致广告效果不佳。随着用户逐渐对广告产生抵触心理，单纯依赖广告的盈利模式已难以为继，促使新媒体平台寻找新的盈利模式。

在传统广告模式遇到瓶颈的背景下，内容付费模式逐渐成为新媒体商业模式的一个重要方向。随着优质内容需求的增加，用户愿意为高质量、独特的内容付费，这为内容创作者和平台带来了新的盈利机会。以微信公众号和喜马拉雅FM等平台为代表，内容付费模式包括单篇文章、音频内容的购买，以及内容订阅服务等。这一模式的核心是通过提供差异化的、优质的内容来吸引用户进行付费。用户通过支付费用获得更具深度、专业性或独家性的内容，从而与免费内容形成区分。内容付费模式不仅为创作者提供了直接的经济回报，还增强了创作者与用户之间的联系和互动。内容的价值在于它能够提供信息、娱乐或教育等方面的独特体验，因此只要能够满足用户的个性化需求，内容付费模式便具有较强的可持续性。

会员订阅模式是内容付费的一种扩展形式，在这种模式中，用户通过支付固定费用，获得持续的优质服务或内容。例如，爱奇艺、腾讯视频等视频平台通过会员订阅模式向用户提供广告去除、高清画质、抢先观看等增值服务。这种模式的优势在于能够为平台提供稳定的收入来源，同时提升了用户的观看体验。会员订阅模式不仅应用于视频平台，还广泛应用于音乐、新闻、知识付费等多个领域。网易云音乐、得到App等平台通过会员服务为用户提供无广告、离线下载、高质量内容等增值服务，使得用户在消费过程中感受到更多的个性化与专属体验。订阅服务的推广表明，用户愿意为更好的服务和体验买单，这为平台和创作者带来了长期的经济回报。

随着互联网经济的发展，数字产品和虚拟商品交易逐渐成为新媒体的商业模式之一。数字产品包括电子书、音频、视频、软件等内容形式，而虚拟商品则包括游戏道具、虚拟礼物、表情包等。用户通过购买数字产品或虚拟商品，可以获得更好的使用体验或社交互动。例如，在直播平台上，用户可以通过购买虚拟礼物打赏主播，主播则可以通过这些礼物获得收入分成。虚拟商品交易模式的优势在于低成本和高用户参与度。数字产品的生产和复制成本几乎为零，而虚拟商品的设计和销售则能够带来高额的利润。这种模式不仅为新媒体平台带来了新的收入来源，也为用户提供了更多的娱乐互动方式。尤其是在游戏、直播等领域，虚拟商品交易已经成为重要的盈利模式。

在新媒体发展的过程中，广告与内容的融合也成为一种重要的商业模式。这种模式通过将广告内容自然地嵌入到用户浏览的内容中，减少了广告的打扰性，提高了广告的接受度。例如，品牌植入和软性广告是广告与内容融合的典型表现，用户在观看视频、阅读文章或参与互动时，不会因为显性广告的打断而产生抵触心理。以抖音和小红书为代表，短视频和社交平台通过品牌植入、博主合作等方式实现了广告与内容的无缝对接。博主在日常的内容创作中自然地融入品牌元素，用户在娱乐或学习过程中潜移默化地接触到广告信息。这种广告形式不仅增强了品牌的曝光度，还提升了用户的接受度和参与度，从而实现了平台、广告主和用户的三方共赢。

随着大数据技术的发展，数据驱动的精准营销成为新媒体商业模式的重要组成部分。通过分析用户的浏览行为、消费习惯和兴趣偏好，新媒体平台能够为广告主提供高度精准的广告投放服务。例如，用户在浏览电商平台时，基于其浏览记录，平台会自动推荐相关产品的广告。这种精准营销不仅提高了广告的转化率，还为广告主节省了投放成本。此外，数据驱动的广告模式还可以通过算法预测用户的需求，提前推送个性化的内容或产品。这种基于大数据的精准营销不仅提升了用户体验，也为广告主提供了更为有效的营销策略。随着数据技术的不断进步，精准营销将会进一步成为新媒体广告的主流模式，为平台和广告主创造更大的商业价值。

（二）新兴商业模式探索

新媒体的发展使行业内的商业模式持续演变，许多新兴模式不断涌现。这些模式不仅打破了传统的内容生产与传播模式，还为平台、创作者和用户带来了更加多元化的收入与互动方式。技术的进步和用户需求的变化推动了这些新兴模式的发展，形成了全新的内容消费和经济生态。

社交电商作为近年来快速发展的商业模式，结合了社交互动与电商购物体验。通过社交平台进行内容营销，用户不仅可以通过点赞、评论等方式互动，还可以直接完成商品的购买。抖音、快手等平台通过短视频和直播的方式，使用户在娱乐的同时进行购物，形成“内容即营销”的模式。此外，内容电商的核心在于通过有吸引力的内容促成消费行为。例如，一些创作者通过发布产品测评、使用教程等内容，激发观众对商品的兴趣，进一步促成购买决策。内容电商的成功依赖于社交平台的巨大用户基础和强大的互动性，同时也推动了社交媒体与电商平台的融合。

随着用户对专业知识和个性化服务需求的提升，知识付费模式快速崛起。知识付费平台如得到、知乎等，为用户提供专业领域的课程、讲座、电子书和专栏服务。用户通过付费获取高质量内容，满足学习、职业发展或兴趣拓展的需求。同时，付费社区也在新媒体中兴起。在这些社区中，用户通过缴纳会员费获得专属的讨论空间和专家互动。例如，付费问答、专属群组、专家咨询等形式，让用户获得更加精准、定制化的知识服务。这类模式不仅增强了用户的参与感，还为内容生产者提供了长期、稳定的收益。

品牌合作与KOL（关键意见领袖）经济是新兴商业模式中的重要一环。KOL通过在社交平台上建立强大的个人品牌，与粉丝形成紧密的互动关系，从而在广告推广、产品植入等方面获得商业机会。品牌方通过与KOL合作，将产品或服务嵌入到内容中，通过KOL的个人影响力提高品牌曝光度和销售转化率。这种模式的成功在于KOL的内容生产与粉丝基础，他们能够精准触达目标受众，并通过真实的使用体验推荐产品。许多平台如微博、B站等也通过创作者与品牌的合作，将广告与内容巧妙融合，降低了用户对广告的抵触情绪，增加了品牌传播的效果。

随着大数据和人工智能的应用，广告投放不再仅仅依赖于广泛的曝光，而是转向精准的个性化服务。通过对用户数据的深度分析，平台能够为每位用户量身定制广告内容和产品推荐，显著提高了广告的点击率与转化率。这种数据驱动的广告模式不仅提升了品牌的推广效率，也为平台创造了新的盈利空间。广告的个性化服务能够根据用户的兴趣、消费习惯、浏览行为等多个维度进行定制，形成高效的广告传播链条。这种广告模式在移动端应用广泛，用户可以在观看视频、浏览社交媒体内容时接收到针对性的广告信息。

直播带货已经成为近年来最热门的新媒体商业模式之一。通过实时直播，带货主播能够与观众进行即时互动，展示产品的使用效果和特点，进而直接促成销售。直播带货的模式打破了传统电商的购物流程，将产品展示、消费者反馈与购买行为整合为一体，使购物体验更加生动、直观。这一模式的成功在于直播能够调动观众的购买情绪，通过限时折扣、赠品等促销手段，增加观众的购买紧迫感。此外，实时互动的形式拉近了商家与消费者之间的距离，增强了购买的信任感。通过直播带货，商家可以短时间内实现大规模销售，显著提高了电商平台的流量和收入。

（三）商业模式案例分析

1.案例一：快手直播带货的成功模式

（1）案例描述

快手作为中国领先的短视频平台，通过直播带货的创新模式在新媒体商业生态中迅速崛起。快手的直播带货模式起初是由平台上的KOL（关键意见领袖）自发形成，后来逐渐演变为系统化的营销策略，并获得了巨大的商业成功。2020年，快手直播带货的年销售额突破千亿元大关，成为直播电商领域的重要力量。快手的直播带货模式与传统电商有所不同，它通过短视频内容的积累，打造KOL的影响力，再通过直播进行实时销售。这种模式不仅提升了用户的购物体验，还通过强互动性缩短了用户的购买决策时间。此外，快手通过引入品牌方、商家与KOL的合作，形成了从内容生产到消费决策的完整商业链条。

（2）案例分析

快手直播带货的成功，源于其内容与电商的紧密结合。首先，快手平台通过短视频积累了大量的活跃用户，这为直播带货奠定了坚实的基础。短视频内容不仅为用户提供了娱乐和信息，还增强了用户与KOL之间的信任度。在这样的信任基础上，用户更愿意接受KOL的产品推荐，从而提高了转化率。其次，直播带货的实时互动性是该模式的关键成功因素。用户可以在直播过程中即时向主播提问，获得对产品的深入了解，同时还可以参与到主播的互动环节中。通过限时折扣、秒杀、赠品等促销手段，直播带货进一步提升了用户的购买欲望，增加了销售额。此外，快手的商业模式也依赖于平台对内容生产和商品销售的良好管理。通过与品牌方和商家的合作，快手平台确保了产品的质量和供应链的稳定性。这不仅提高了用户的购买信心，也为品牌和商家带来了精准的用户群体和销售渠道。最终，快手通过对大数据和用户行为的分析，优化了广告推送和商品推荐，进一步提升了营销效果。

2.案例二：小红书的内容电商模式

（1）案例描述

小红书作为中国领先的内容社区平台，以其“内容电商”模式在新媒体市场中独树一帜。通过鼓励用户发布购物心得、使用体验、旅游分享等内容，小红书逐渐构建了一个以UGC（用户生成内容）为核心的社区平台。平台用户可以通过阅读他人的经验分享找到购物灵感，并直接点击链接进行购买。2021年，小红书的用户量突破1亿大关，平台电商交易额也不断增长，显示出内容电商模式的强大吸引力。小红书的商业模式不仅依赖于用户原创内容，还通过与品牌方、KOL的合作，进一步提升了平台的商业价值。品牌方通过在小红书上投放广告或与KOL合作推广产品，借助用户信任的内容场景提高品牌曝光度和销售转化率。

（2）案例分析

小红书的成功在于其独特的内容电商模式。这一模式通过UGC的力量将用户、内容与商品紧密结合，为用户提供了更加真实的消费参考。相比传统的广告推送，小红书的内容来自真实用户的购物体验，这种真实感极大增强了用户的信任感和购买欲望。其次，小红书通过KOL的合作，进一步推动了内容与电商的融合。KOL在平台上不仅扮演着内容创作者的角色，也成为品牌推广的重要渠道。通过精准的用户定位，KOL能够将产品推荐给对该商品有潜在需求的用户群体，形成高效的营销闭环。此外，小红书平台的社区氛围和用户黏性也是其商业模式成功的关键。用户在小红书上不仅是内容的消费者，也是内容的生产者，这种双向互动增强了用户的参与感和归属感。同时，平台通过推荐算法和内容审核机制，确保了内容的质量和相关性，从而进一步提升了用户的使用体验和平台的活跃度。

从快手的直播带货模式到小红书的内容电商模式，这两个案例展示了新媒体商业模式的多样性和创新性。快手通过短视频和直播相结合，实现了内容生产与实时销售的高度融合，而小红书则通过UGC和KOL的力量，打造了以信任为基础的内容电商生态。两者的成功不仅依赖于技术的进步，还得益于平台对用户需求的深刻理解和对内容生产的高度重视。这两个案例表明，内容在新媒体商业模式中扮演着至关重要的角色。无论是通过实时互动的直播带货，还是通过真实用户体验的内容电商，平台都需要以优质内容为核心，才能吸引并留住用户，实现商业价值的最大化。未来，随着技术的不断进步和市场需求的变化，新媒体商业模式将继续演变，为行业的进一步发展提供更多的创新空间。

三、新媒体面临的挑战

尽管新媒体技术带来了诸多机遇，但其发展过程也伴随着严峻的挑战。技术层面上，数据安全与隐私保护问题日益凸显，法律法规的滞后与政策的缺失也影响了新媒体行业的规范化发展。此外，社会与文化的多样性为新媒体的全球传播增加了复杂性。本节内容将探讨新媒体在技术、法律和社会文化方面的挑战，并提供应对这些挑战的理论框架和实践建议。

（一）技术挑战

新媒体的快速发展依赖于互联网基础设施的不断完善。然而，尽管全球互联网的覆盖率在不断提高，但在一些地区，基础设施的建设仍然滞后，导致带宽不足、网络延迟等问题。这些限制直接影响到用户的内容消费体验，尤其是在视频、直播等对带宽要求较高的内容形式中。对于那些在偏远地区或网络基础设施薄弱的用户来说，观看高质量的视频或参与实时互动成为一种挑战。为了应对基础设施和带宽的挑战，许多平台正在探索优化内容压缩和传输技术。例如，通过使用更高效的视频压缩算法，可以减少视频内容的带宽占用，同时保持较高的画质。此外，内容分发网络（CDN）的应用也能够帮助平台更好地管理内容的传输，将内容快速推送到距离用户最近的服务器节点，减少延迟并提升用户体验。

随着用户产生的内容和数据量急剧增加，平台面临着如何高效处理和分析这些数据的挑战。大数据和人工智能技术的应用尽管能够帮助平台更好地理解用户行为、个性化推荐内容，但如何管理和处理这些数据仍然是一个技术难题。尤其在实时性要求较高的场景，如直播、互动广告等，数据处理的效率直接影响到用户的体验和平台的运营效果。人工智能技术的复杂性也为平台带来了挑战。例如，内容审核的自动化是新媒体行业中的一个热门话题，但现有的算法在处理复杂内容时仍然存在不足，容易出现误判或漏判情况。在面对海量的用户生成内容时，平台不仅要依赖人工智能技术进行自动审核，还需要人力进行补充，以确保内容合规、符合平台政策。要应对这些挑战，平台需要在数据处理和人工智能领域加大投入。通过提高数据处理能力、优化算法模型，平台可以更高效地管理海量数据，同时减少人工参与。与此同时，平台还需要不断提升内容审核技术的准确性，避免因为技术局限导致的内容审查问题。

随着新媒体平台对用户数据的依赖程度不断增加，隐私和数据安全问题成为行业内不可忽视的技术挑战。用户在平台上留下的个人信息、浏览记录、消费习惯等数据，若处理不当，可能会导致数据泄露、隐私侵犯等问题。尤其在全球范围内，越来越多的国家和地区开始颁布数据保护法律法规，如《通用数据保护条例》（GDPR），平台必须在遵守这些法规的同时，确保用户数据的安全。

在数据安全方面，平台面临着来自黑客攻击、恶意软件、钓鱼攻击等多方面的威胁。即使是在大规模数据泄露事件已经让业界提高警惕的情况下，一些新兴平台在数据安全防护方面的技术储备仍然不足。用户对平台的信任极大程度上依赖于其对个人隐私和数据安全的保障能力，任何数据泄露事件都可能严重影响平台的声誉和用户信任。为了解决隐私和数据安全的挑战，新媒体平台必须加强安全措施，包括数据加密、身份认证、网络防护等多层次的技术手段。此外，平台还需要引入用户数据保护的透明机制，让用户清楚地了解其数据的使用方式，并为用户提供便捷的数据管理和删除选项。只有通过严格的数据安全管理，平台才能获得用户的长期信任。

新媒体平台不仅面临技术上的内容管理挑战，还需要应对深度伪造（Deepfake）等新兴技术带来的内容真实性问题。深度伪造技术利用人工智能生成极其逼真的虚假图像、视频和音频，这使得辨别真伪内容变得更加困难。这种技术的滥用可能对社会舆论、政治稳定、公共安全等产生严重影响，平台必须加强对这类内容的技术检测和审核。

传统的内容审核主要依赖于关键词过滤和图像识别技术，但面对深度伪造等更为复杂的内容，现有的审核技术往往难以应对。自动化的审核系统有时无法及时识别高质量的伪造内容，尤其是视频和音频，这就要求平台投入更多资源研发专门的检测技术，确保虚假信息和内容不在平台上传播。为解决这一问题，平台可以采取多层次的审核机制，结合人工智能和人工审核的双重手段。技术层面，平台可以采用基于区块链的内容溯源技术，通过记录内容生成和传播的全过程来确保其真实性。此外，平台还可以与第三方机构合作，开发更加先进的深度伪造检测工具，以应对越来越复杂的虚假内容挑战。

随着新媒体内容的多平台传播，如何实现跨平台的技术整合和标准化成为一大技术难题。用户往往希望在不同设备、不同平台上无缝体验内容，这需要平台之间实现数据共享和技术兼容。然而，目前各大平台的技术标准各异，导致内容的跨平台传播和互动体验存在诸多障碍。要解决跨平台整合的挑战，平台需要在技术层面制定统一的标准，并与其他平台合作实现数据的互通与共享。云计算技术的应用能够为跨平台整合提供技术支持，通过云端存储和分发，平台可以实现不同设备和不同平台上的内容同步。此外，HTML5等跨平台技术的推广应用也为新媒体内容的标准化提供了可能性，帮助平台更好地适应多元化的终端设备和内容格式需求。

（二）法律与政策挑战

随着新媒体平台的广泛使用，用户个人数据的收集和使用已经成为一项常态化操作。然而，数据泄露、滥用以及不当的个人信息使用事件频发，引发了社会对用户隐私保护的关注。在全球范围内，数据隐私相关的法律法规逐渐增多并趋于严格。例如，欧盟在2018年正式实施了《通用数据保护条例》（GDPR），要求企业在处理个人数据时必须获得明确的用户同意，并赋予用户“被遗忘权”等重要权利。

在中国，类似的法律也在不断完善。2021年，《中华人民共和国个人信息保护法》正式实施，该法律严格规范了数据收集和使用的行为，平台在处理用户数据时必须遵守透明、合法、必要的原则。此外，该法律还要求平台加强对用户个人信息的保护，尤其是在跨境数据传输时，必须经过相关部门的审查和批准。这些法律的出台对新媒体平台提出了更高的合规要求。

平台运营者在应对这些数据隐私挑战时，不仅需要建立健全的数据安全管理机制，还要加强用户隐私的透明度。平台应当告知用户其数据的具体用途，并提供方便的选择机制，让用户能够决定其个人数据是否可以被使用。此外，平台还需要确保数据加密、访问控制等技术手段到位，以最大程度保护用户的隐私安全。

新媒体平台上生成的内容数量庞大且形式多样，这为法律与政策制定者带来了内容监管的难题。平台上存在虚假信息、侵权内容、网络暴力等问题，这些不良信息的传播对社会稳定、公共安全、文化传播等产生了消极影响。因此，各国政府加强了对新媒体平台的内容监管，要求平台承担更多的责任。中国的《网络安全法》《互联网信息服务管理办法》等法律对平台内容审核提出了明确要求，要求平台不得传播虚假、有害或非法信息，必须对内容进行严格的审核。对于内容不合规的情况，平台需要承担连带责任，包括删除违规内容、暂停或终止账号使用等。近年来，中国互联网监管部门加大了对平台虚假信息和恶意传播行为的打击力度，要求平台建立健全的内容审核机制。

平台必须在技术和人力上加大投入，尤其是依赖人工智能和大数据技术，自动识别不合规内容。内容审核不仅是技术层面的任务，平台还应建立完整的内容管理体系，确保用户发布的内容符合平台的规定和国家法律的要求。与此同时，平台还需设置内容举报和申诉机制，赋予用户监督权，以提高内容审核的准确性和公正性。

新媒体的全球化趋势使得平台必须应对不同国家和地区的法律法规，这给平台的跨境运营带来了巨大挑战。不同国家在内容监管、数据保护、广告合规等方面的法律规定各不相同，新媒体平台在全球范围内运营时，需要确保其行为在各个市场都符合法律要求。以数据跨境传输为例，许多国家对用户数据的跨境传输实施了严格的监管。例如，欧盟的《通用数据保护条例》规定，欧盟用户的数据在传输至欧盟外的国家时，必须确保接收方具有同等水平的数据保护能力，否则必须经过监管部门的审批。中国的《网络安全法》也对关键信息基础设施运营者提出了跨境数据传输的限制，这些法律要求平台在运营过程中必须具备强大的合规能力。为了应对跨境运营的法律挑战，新媒体平台应当在各个市场设立合规团队，研究并遵守当地的法律法规。同时，平台应当与当地政府保持良好的沟通，确保其业务流程符合当地的政策要求。通过合理的法律结构设计和运营策略优化，平台可以在减少法律风险的同时，实现全球业务的顺利拓展。

随着数字内容的广泛传播，版权和知识产权保护问题在新媒体行业中日益突出。用户在平台上分享的视频、图片、音乐、文章等内容往往涉及知识产权的归属问题，而平台如何有效保护版权和知识产权也是法律面临的挑战之一。未授权的内容传播、盗版现象严重威胁了内容创作者和版权所有者的合法权益。

中国政府近年来不断加大对数字版权的保护力度，出台了《著作权法》《信息网络传播权保护条例》等法律法规，明确了版权侵权行为的界定，并对侵权者设置了严厉的法律责任。在新媒体行业中，平台有责任确保用户发布的内容未侵犯他人版权，否则平台需要承担相应的法律责任。新媒体平台应当建立版权内容管理机制，对用户上传的内容进行版权审核。同时，平台可以通过与版权持有人合作，建立正版内容分发体系，确保合法内容的传播。此外，平台还可以通过技术手段，如数字版权管理（DRM）系统，防止内容的非法复制和传播，从而更好地保护版权持有者的权益。新媒体平台的广告收入是其主要盈利模式之一，但虚假广告、误导性营销等问题也时有发生。这类广告不仅欺骗消费者，还可能损害平台的声誉，甚至面临法律责任。为了规范广告行为，各国法律对广告的真实性、准确性和完整性提出了严格要求。

《中华人民共和国广告法》明确规定，广告不得含有虚假或误导性内容，平台和广告主必须对广告的真实性负责。对于平台来说，必须对广告内容进行严格的审核，确保其符合法律要求。同时，平台还应建立完善的广告投诉和举报机制，方便用户监督广告行为。应对虚假广告和商业行为的挑战，平台需要强化广告审核机制，特别是在涉及医疗、保健、金融等敏感领域时，必须严格把关。平台还应当与广告主签订详细的广告合规协议，明确各方责任，确保广告行为符合法律要求。此外，平台可以通过大数据技术对广告投放效果进行监控，及时发现问题并做出调整，以减少法律风险。

（三）社会与文化挑战

在新媒体时代，信息传播的速度和广度大幅提升，用户在每天接收到大量信息的情况下，很难区分信息的真实性和重要性，造成信息质量下降。同时，用户的注意力被不断分散，导致人们在面对复杂信息时倾向于浅层化理解，而忽视了深度思考和批判性分析。

信息的碎片化使得用户更加倾向于快速获取表面信息，尤其是在短视频、微博等平台上，内容往往被高度压缩，复杂的主题被简单化呈现。这种趋势削弱了公众对复杂社会问题的深入理解，也加剧了文化的浅薄化。因此，平台在进行内容策划和传播时，需要更多地关注内容质量，避免一味追求流量而忽视信息的价值。应对这一挑战，平台可以通过算法优化和内容推荐机制，帮助用户获得更有深度和有意义的信息。同时，内容创作者也应当承担更多的社会责任，创作具有知识深度、文化内涵的内容，避免过度迎合用户的短期注意力需求。

新媒体平台通过个性化推荐算法为用户提供内容，但这也导致了“信息茧房”现象的出现。由于平台基于用户的兴趣和行为数据推荐相似内容，用户长期接触的信息呈现出单一化和同质化的倾向，这种现象加剧了社会分化，导致不同群体之间的信息隔离和观点对立。个性化推荐虽然提高了用户的内容消费效率，却限制了用户接触不同意见和多元观点的机会。这种信息茧房现象不仅影响了个体的信息选择自由，还加剧了社会中的政治、文化和价值观的分裂。例如，社交媒体上不同社群的成员常常只接触自己认同的信息，排斥与其观点不同的内容。这种现象使得公众在面对社会问题时更加极化，不同群体之间的沟通和理解变得愈发困难。为应对社会分化和信息茧房问题，新媒体平台可以考虑通过算法多样性来打破信息单一化的限制，鼓励用户接触不同类型的内容，增加不同观点的曝光度。此外，平台还可以通过引导用户参与更多理性的讨论，创造开放的对话空间，从而促进不同社会群体之间的理解与交流。

在全球化的背景下，新媒体不仅成为文化传播的重要载体，也面临着如何保护本土文化的挑战。全球化的新媒体平台往往推崇流行文化和主流价值观，而这导致了某些地方文化、语言和传统的边缘化和弱化。特别是在非英语国家，许多新媒体内容趋向于迎合国际市场的需求，本土文化的传播空间因此受到压缩。这种现象不仅影响了文化的多样性，还可能导致文化认同的危机。地方文化在全球化平台上缺乏足够的曝光机会，尤其是传统文化的表达形式难以适应新媒体的传播逻辑，导致年轻一代对本土文化的认知和认同逐渐削弱。新媒体在文化传播中的全球化趋势使得文化同质化的问题愈发严重。为了应对这一文化挑战，新媒体平台需要在内容创作和传播过程中更加注重文化多样性的保护。平台可以通过支持本土文化创作、推广地方性文化内容，帮助传统文化在全球化的背景下获得更多的关注。同时，平台可以通过合作项目，联合文化机构、地方政府和社区，推动本土文化在新媒体上的数字化呈现和传播，从而提高文化的传播效应和社会影响力。

新媒体的广泛使用带来了信息传播的自由与便利，但同时也对平台和内容创作者的社会责任提出了新的要求。在追求流量和商业利益的驱动下，部分平台忽视了内容的社会影响，导致虚假新闻、谣言、煽动性言论等不良信息的传播。这些信息不仅破坏了社会的信任体系，还可能引发社会动荡和舆论失控的风险。

新媒体平台在内容监管方面面临着巨大的道德困境。如何在保护言论自由的同时，避免不良信息对社会的负面影响，是平台亟须解决的问题。平台需要在内容审核、信息发布和广告投放等环节加强自律，确保内容的合法性和合规性。

为解决这一问题，新媒体平台可以通过加强内容审核机制、推动透明化管理和引导公众理性使用平台，增强其社会责任感。此外，平台还需要与社会各界加强合作，建立多方参与的监管机制，共同促进信息环境的健康发展。

【本章小结】

本章重点分析了新媒体技术的创新和应用，特别是人工智能、区块链、虚拟现实等前沿技术如何在新媒体领域带来深远的影响。通过这些技术的结合，传播形式、内容制作与分发模式均发生了深刻变革，推动了新媒体行业的不断进化。这些技术创新不仅提高了内容生产的效率，还为用户带来了更加个性化和沉浸式的体验，彰显出未来媒体发展的多样性与潜力。此外，还探讨了新媒体商业模式的演变与趋势，并剖析了新媒体在技术、法律、社会文化等方面面临的挑战。商业模式的多元化展现了不同企业如何适应不断变化的市场环境，而技术的进步也带来了新的法律和社会文化冲突。通过这些讨论，学生能够全面理解新媒体在技术进步中的机遇与挑战，进而为应对未来的变化做好准备。这些知识为学生在快速发展的新媒体领域提供了理论依据与实践方向。